Legend of Miyue

只随我心

正说大秦芈月

李雪 著

Zhi Sui Wo Xin
Zhengshuo Daqin Miyue

北方妇女儿童出版社

长春

图书在版编目（CIP）数据

只随我心：正说大秦芈月 / 李雪著. — 长春：北
方妇女儿童出版社, 2015.12
　　ISBN 978-7-5385-9641-0

　　Ⅰ. ①只… Ⅱ. ①李… Ⅲ. ①传记文学 – 中国 – 当代
Ⅳ. ①I25

中国版本图书馆CIP数据核字(2015)第280117号

出 版 人	刘　刚
出版统筹	师晓晖
策　　划	慢半拍·马百岗
责任编辑	张晓峰　苏丽萍
封面设计	红杉林
版式设计	北京水长流
开　　本	710mm×1000mm　　1/16
印　　张	13
字　　数	205千字
印　　刷	北京盛华达印刷有限公司
版　　次	2015年12月第1版
印　　次	2015年12月第1次印刷

出　　版	北方妇女儿童出版社
发　　行	北方妇女儿童出版社
地　　址	长春市人民大街4646号
邮　　编	130021
电　　话	编辑部：0431- 86037512
	发行科：0431-85640624

定　　价	39.80元

有你，我坐拥天下；没你，我的世界依然伟大

她，史称太后自她而起，太后专权也自她而起。

她，纵横列国，左右着战国时局几十年之久。

她，在人生的至高处把持着秦国朝政呼风唤雨了几十年。

她，艳名远扬，一生波澜壮阔，跌宕起伏。

她，一个傲视群雄的女人，一位卓尔不群的女性，在我国历史上奏响了一曲壮阔瑰丽的乐章。中华民族五千多年的历史里，有多少先河被她开创，又有多少传奇被她演绎！

有人说，芈月的一生，只做了一件事，那就是竭尽全力地保护她的孩儿嬴稷，保其登基，助其成才，推其成帝……

不可否认，她一生大半部分的时间都是在为嬴稷忧心，忧心他的王位稳不稳，忧心他的江山牢不牢，更忧心他的气魄够不够，能不能扛起一国之未来。

身为一位母亲，芈月将自己一生的心血都投放在助儿成就一番大事业上，我们是该为她鼓掌、为她喝彩，只不过，她手段残忍、性格霸道，她专横跋扈地控制了朝政大权四十余年，使秦昭襄王嬴稷成为她的傀儡。如此而言，我们更该为之喝彩的，不是她作为一位母亲对自己孩儿无怨无悔的爱与付出，而是她的雄心壮志，她开创的千秋伟业。

我在写这本书时，给芈月只设定了一个角色，那就是——一位傲视群雄的女强人。

有人说，芈月之所以能成为一位女强人，一位能在朝堂上舌战群臣而丝毫不逊色的女政治家，一位能在战场上挥旗进发而丝毫不惧怕的女军事家，这完全得益于她毕生所爱过的几个男人。

　　芈月的初恋春申君黄歇是战国时期楚国大臣，是著名的政治家、军事家，两人有过一段荡气回肠的爱情故事，但结果不遂人愿，芈月嫁给了秦惠文王为妃，而黄歇一生只为楚国献计献策，儿女私情断然动摇不了他的忠贞爱国之情。芈月对此极为怨愤，她此生最初想嫁之人便是黄歇，但是黄歇却视她的真情为草芥，弃之并无不舍，芈月那时便知，权力比一切都来得重要，她此生，若有机会，一定要做个掌握大权的女人。

　　芈月的夫君秦惠文王，是个野心勃勃的王，他毕生的志向便是灭了各诸侯国而一统天下。为了这个宏愿，他连自己的枕边爱人都可以作为工具送给他人。芈月便是这其中的工具之一。芈月是个不愿认命之人，即使被秦惠文王送给义渠王她也不肯屈服，即使贞洁不保也坚持要回到大秦，只做秦惠文王的女人。然而，芈月终究还是没等到再回到秦惠文王身边的那一天，秦惠文王便驾鹤西去，带着嬴稷的芈月只好安心在燕国做人质以等待时机回归大秦。幸好，芈月在侍奉具有雄心伟业之念想的秦惠文王的那些年里，从他身上学到了不少东西，这为嬴稷登基为王、芈月当上太后而主持朝政打下了坚实的基础。

　　芈月也曾深爱过义渠王，尽管义渠王没能带给她无与伦比的权力，但是却帮她肃清了许许多多阻碍她一统天下大业的障碍，没有义渠王这个坚强的后盾，芈月所领导的大秦也不可能在当时战乱的时局中脱颖而出。

　　黄歇让芈月知道了权力的至高无上，秦惠文王让她得以亲密地接触到无尽的权力，义渠王为助她实现统一大业耗尽了心力，可以说，她的传奇伟业，她的傲视群雄的底气，都是这几个男人训练出来的。正如芈月所说的："我芈月前半生都是靠在男人身上，这剩下的日子不靠也罢，我自己的命运我自己做主。"

所以，我认为，芈月之所以能主宰大秦的前途与命运，之所以在她的后半生过得那么雄伟壮丽，那么气吞山河，这完全是她个人的能力所赐，是她身上所具有的谦卑的姿态、超强的自制力、踏实肯干的实干精神以及敢于冒险等特质所赐予的，是她肯定自己、创造自己、超越自己的结果。

　　这些特质，这些精神，多么值得我们女人学习和借鉴啊！我们不奢求能成为像芈月那样叱咤风云的历史人物，只求我们的事业能够红火一些，我们的家庭能够美满一些，我们的人生能够顺畅一些，也更精彩一些而已。

　　"有你，我坐拥天下；没你，我的世界依然伟大！"但愿这本书能对你或是对你的家人有所触动，有所帮助，那便是我创作这本书最大的动力和回报，谢谢翻阅。

李雪

2015 年 7 月 25 日

目 录

第六章
后冠之重　芈月的放下与承担

第一章

落魄红颜　芈月的自卑与超越

芈月说

"我虽出身王族，
却一直被人踩在脚下，一无所有。"

1. 王族落魄，楚国"宗女"

大秦宣太后芈月，中国历史上第一个女政治家，她的智慧与谋略、她的胆识与手段、她的霸道与刚毅，将她波澜壮阔的政治蓝图以及她恣意纵横的壮美人生完美地勾勒了出来。可是，这样一个拥有雄才伟略、站在权力巅峰的女子，她的出身竟然是那么的"卑微"，父亲虽说是战国时期的楚威王，她也曾得到楚威王的宠爱，但是在楚威王死后，她与母亲向氏就被楚威后逐出王宫，过着颠沛流离的生活。

正是因为母亲不是父亲的正室，她一出生就注定了被人看不起，注定了她这一辈子嫁不了自己心仪的男人，也成不了正室。她在正值青春年华之际，被作为秦楚联姻的工具远嫁到秦国。但是别以为她顶着一个受册封的"秦国公主"的头衔入秦宫就能享受到荣华富贵，秦王根本就没把她当一回事儿，觉得联姻只不过是一种政治手段罢了。而且就在她在宫里散步之时，竟然被一个黄毛小儿手持木剑直指，且被大声呵斥，对于这样的境况，她一个烈性子的女子，如何受得了？何况黄毛小儿身旁的那些侍卫和宫女对她也是大为不敬，甚至还狠狠地教训她，她简直连个宫女都不如！

出身不能许给芈月一个美好的未来，她唯有靠自己！在非常时期，她采取了非常手段以达到非常目的！为了引起秦王的注意，芈月在面对着小男孩的威胁之时索性"顺水推舟"，借此机会大闹秦宫，与侍卫、宫女起了冲突，若不是惠文后及时出现，恐怕芈月真会撞到那些侍卫的剑尖上以示抗议。

出于女人的嫉妒心理，惠文后在明知芈月是联姻的楚女的情况下依然将其关押起来，琢磨着想个法子把她赶出秦宫。芈月怎么可能那么轻易地就离开秦宫呢？且不说她是联姻的工具，身负推动楚秦联盟共同抗敌的重任，单说秦王不曾临幸她，甚至看都不曾看过她一眼，这等不尊重她的行为，她就不能忍受。为此，她故意跟惠文后作对，惠文后让宫女把她带出厢房，她就是死赖着不走。无奈之下，惠文后只好亲自去厢房见她。芈月便以惠文后身旁的宫女对其大呼小叫，以及惠文后管教不严为由狠抽了惠文后两个大耳光，一来是为了警告"多嘴"的宫女不要再没大没小，二来是向惠文后示威，告诉她自己不是好欺负的，三来也是为了把这动静闹大，最好是传到秦王耳朵里，让他不要再无视自己的存在。

芈月此一箭三雕的做法，不止教训了宫女，还震慑了惠文后，同时也顺利地惊动了秦王，秦王及时出现。他对这个有些野性、敢作敢为的楚国女子心生好感，呵斥了惠文后对她的怠慢，之后便拜倒在了芈月的"石榴裙"下，连续几个月都流连于芈月的寝宫……但是别以为这样就能俘获秦王的心，芈月知道秦王胸有平天下吞诸国的气魄，便勤学好问以投其所好，常与他详谈天下时局，即使不能为其出谋划策，但至少能让秦王觉得与她在一起有共同语言，有共同追求，同时也使秦王对她这么一个胸怀天下的女子表示敬佩以至于更为深爱。

芈月如此凭着自己的一股韧劲，凭着自己不被命运所打倒的那股狂傲之气，誓与命运抗争到底，最终得以走进了秦王的心里，慢慢地登上了历史舞台和政治舞台，创造了一个又一个奇迹，书写了一个又一个历史传奇。

❦

"别让出身决定自己的命运"，这是芈月用她一生的抗争史来告诉天下间所有女人的生存启示。尽管人们无法选择自己的出身，却可以通过自己的智慧和行动来决定命运。

人的命运真不是由老天爷所决定的，也跟自己的出身关系不大。因为这个世界上，能够掌握自己命运的，能决定自己是富是贵是贫是苦，是出类拔萃还是默默无闻的，只有你自己！只有我们自己才能够规划我们自己的人生，只有我们自己才有资格为自己的人生负责，也只有我们自己才能够书写自己光辉灿烂的一生。

我曾受邀参加某报社举办的一个通讯员交流会，见到了一位自己中学时代的学姐，一个名叫袁茵的女生。

袁茵出生在一个普普通通的工人家庭，幼年时很不幸地患上了小儿麻痹症而导致下肢瘫痪，终身不能行走。不过她很乐观，积极努力地学习，不仅取得了全日制大专学历，还通过自学考试获得了本科学历。毕业后，她在一家汽车配件厂做信息计划员，有稳定的收入，这大大减轻了家里的负担，起码，她能养活自己，而不用去依靠家人。

尽管袁茵身体上存在着残缺，给她的日常生活带来了很大的困难，但是她并没有因此而失去自我的本真，失去对美好生活的追求和向往。她心中一直都有着一个看似这辈子也无法实现的梦想，那就是"跳舞"。一个四肢健全的人都未必能够"翩翩起舞"，更何况她一个长期生活在轮椅之上的"残疾人"。可是她却想啊：别人用腿跳舞，那我可不可以用心用手去跳舞啊？我的双腿站不起来，但是我的心还每时每刻都在跳动着，我的双手还很健全很灵活啊！就是在这种想法的推动下，袁茵选择了用心和用手去跳舞，即用阅读和写字的方式去跳舞。二十多年来，她不仅在轮椅上完成了学业，看了很多励志书籍，同时还在报刊发表多篇短篇小说，出版了多本长篇小说，使自己的名字逐渐在市文化圈和省文化圈里传播……

袁茵声名在外的，除了她的"作家"身份和骄人的文学创作成绩之外，还有她的善心和善举。她长年将自己业余时间的一部分用于帮助别人上。多年来，她一直坚持为中小学生辅导功课和传授学习方法，以青年志愿者身份参加"爱心一帮一结对子"活动，之后还开通了"袁茵热线"，每晚8点到10点接听一些需要提供心理帮助的熟悉的或是陌生的朋友的电话，跟他们聊天，开解他们，鼓励他们。就这样，袁茵用自己坚强的意志和辛勤的汗水，划出了一道又一道亮丽的风景线，获得了"中国青年五四奖章"、第二届全国助人为乐道德模范提名奖、全国"巾帼建功标兵"……

袁茵平凡的出身和残缺的身体并没有成为她实现自己"跳舞"梦想的绊脚石，相反，她找到了另一种"跳舞"的方式，活出了别样的精彩，成为人们争相学习的榜样。

　　命运掌握在自己手中。不要以为自己生于富贵之家，此生必然就会大富大贵，也不要以为自己生于贫苦之家，此生就无富贵之命；不要以为自己生于文艺之家，此生必然会才华横溢，也不要以为自己生于文盲艺盲之家，就与文艺绝缘。我们不能受自我出身背景的束缚，不能让生活环境影响自己的人生走向，务必要好好地规划自己的人生，牢牢地掌握和主宰自己的命运，绝不能让自己被困难所打倒。

　　女人一定不能认命，女人一定不能让出身限制自己的发展，女人当自强！

　　/我们不能受自我出身背景的束缚，不能让生活环境影响自己的人生走向，务必要好好规划自己的人生，牢牢地掌握和主宰自己的命运，绝不能让自己被困难所打倒。/

2.机缘巧合，一朝入秦

芈月，虽说是望族之后，但生母不是正室，加上家族又逐渐没落，所以即使她生得再玲珑有致，也只能寄居乡野，整日跟着采茶姑娘在楚国的郊外采茶为生。

然而，芈月身上独有的特质，注定了她这一生不会只是一个普通的采茶女，注定了她这一生会风起云涌。这种特质就是：善于抓住每一个机遇。

"万乘之国七，千乘之国五，敌侔争权，盖为战国。"在那战火纷飞、硝烟四起的战国时期，弱肉强食，楚国、齐国对秦国虎视眈眈，燕、赵两国厉兵秣马对秦国又构成了很大的威胁，面对如此严峻的形势，胸怀雄心壮志的秦惠文王嬴驷采纳了相国张仪的建议——联齐盟楚。于是，张仪带着秦惠文王的凌云壮志出使楚国，以促成秦楚联姻。

张仪此行，给芈月创造了一个提升自我"社会"地位，入秦为妃，为其将来"坐拥天下"铺路的大机遇。

芈月之弟魏冉在比武之时错手将楚国最高的官——楚令尹的侄儿给打死了，楚令尹一怒之下把魏冉给抓走了，芈月为救弟勇闯令尹府，没想到竟然在门口遇到了到楚国游说楚怀王联姻的张仪。

芈月见张仪仪表堂堂，估摸他并非寻常百姓，担心其与令尹大人会面会耽搁了其救弟，怕魏冉有性命之忧，情急之下冒犯起张仪来，让其稍等片刻，自己先去见令尹大人。张仪不肯退让，以军国大事为由欲争先，没想到芈月不依不饶，大声质问张仪："国家之事就是大事，老百姓的生死难道就不是大事了吗？"

好男不跟女斗，于是张仪建议芈月跟他一同去见楚令尹，芈月想想，以她的身份，想要见到楚令尹有些难，既然眼前这位翩翩公子愿意带自己一同面见，这可是个大好机会啊，于是她不再推辞，昂首挺胸地随张仪进了令尹府。

进了令尹府，芈月才知张仪秦国使者的身份，她眼珠子一转，心生一计，那就是请张仪帮忙救弟。张仪身负邦交重任，不能"多管闲事"，再则，他与芈月只是一面之缘，他想不出帮她的理由，故一口回绝了。

但是芈月怎么能"放过"张仪呢？她在跟令尹大人讲理时把张仪也扯了进去，大声对令尹大人说张仪是为她主持公道而来的，令尹大人大怒，欲把两人都轰走，张仪见状急忙表明自己的立场：他与芈月并无干系，他到楚国来是联姻的。令尹大人这才让其留下细谈，而要把芈月给轰出去。

芈月好不容易进到令尹府，好不容易才能见到令尹大人，她怎么能不好好把握这个救弟的大好时机呢？她灵机一动，在被令尹大人的家丁赶出去之前大呼："我就是他要联姻的人！我就是要嫁去秦国的人！"

尽管张仪和芈月最后都被轰出了令尹府，但是张仪对芈月的机智勇敢表示欣赏，他将计就计，真应了芈月所说的，她就是与楚国联姻之人，她就是此番他入楚所要带走的人。

最后在张仪的游说之下，楚怀王封芈月为楚国的公主，让其远嫁秦国，同时命令尹大人放了其弟，这下她总算是得偿所愿了。

有人说，一个人的成功，一半靠的是机遇。芈月充满传奇的一生，是从她入秦为妃开始的。正是她善于抓住机遇以楚公主的身份嫁入秦国，她的人生才开始慢慢变得不平凡起来。

芈月用自己的亲身经历和实际行动告诉了天下女子："机不可失，时不待我。只有善于抓住机遇的人，才能拥有灿烂辉煌的人生。"

机遇稍纵即逝，能否抓住机遇，是一个人成功与否的先决条件。

吴晶，2008年通过了哈佛大学、美国斯坦福大学、耶鲁大学等6所著名高校的入学面试，且这6所美国名校还都承诺向她提供全额奖学金。

吴晶，何许人也？她怎么能拥有那么好的"运气"呢？

吴晶其实一点儿也不幸运，她是一个失明者，出生在江苏省泰兴市黄桥镇一个普通的工人家庭，1岁多因患视网膜母细胞瘤而左眼失明，3岁时右眼也失明了。从此，她只能生活在一片黑暗之中。然而，黑暗的世界并没有带给吴晶灰暗的人生，吴晶说，我的眼睛盲了，但是我的身体没有盲，别人能做到的事，我也能做到！在这个信念的支撑下，她刻苦学习。她充分发挥自己在音乐方面的特长，竹笛演奏水平达到了10级，在2001年全国残疾人文艺调演中获得了笛子组独奏三等奖的优异成绩。14岁那年，吴晶抓住一次参加田径比赛的良机，充分展示了自己在田径方面的巨大发展潜力，被省队教练选中，对其进行重点训练和培养。

2003年，吴晶因长期进行超负荷的训练而骨折了，原本可以负伤在家休养的，但是全国第六届残运会即将举行，她觉得这是展示自己的好机会，她不能让这个难得的机会从自己眼前溜走，于是她带伤坚持参加比赛，凭着一股超乎寻常的毅力摘下了100米、4×100米两枚金牌及200米铜牌。就这样，她赢得了众人的鲜花和掌声，她的人生开始被关注，她的名字开始在国人中流传。

之后，吴晶的腿伤越来越严重，但她还是不肯放弃，坚持参加了多项残运会比赛，最后在雅典残奥会的田径场上，她拖着受伤的腿一步一步艰难地走完了全程。虽然没能捧回奖杯，她还是赢得了全场观众雷鸣般的掌声。

在田径事业里所取得的成就，对吴晶来说，只是她才华的一部分。她一直都想走出国门，去外面宽广的世界走一走，"看一看"。所以，在南京盲校学推拿的她，常常利用课余时间自学英语，为自己将来能够"走出去"做准备。由于看不见，她只能靠听广播来学习英语，并通过广播电台一档学英语的节目和在江苏一家学院做外教的加拿大人巴特先生成为了好朋友。

巴特担任南京外国语学校"中加班"加方校长时邀请吴晶到他们学校就读，吴晶知道，以自己的身体条件，与那些健康的学子们必然会有一些差距，但这是个大好的时机，过了这个村就没这个店了，最终她毅然紧紧抓住了这个机遇，在经过一个月的试听之后被南京外国语学校破格录取，成为该校成立42年来第一位盲人学生。为了跟上中加班同学的学习进度，吴晶几乎每天都要学习到深夜 两点。这样的学习生活很累很累，但是吴晶从不抱怨，一直坚持，只为了一步步地实现自己的梦想。

机遇总是降临在有准备的人身上。2007年2月6日，吴晶应美国盲人协会的邀请飞抵美国进行为期一个月的访问。在美国访问期间，吴晶走访了多所著名的高校和盲校。这些美国名校招生部均被吴晶自强不息的精神所感动而为她安排了面试。吴晶在面试中，以超级流利的英语和非凡的自信感染了每一位考官，很快便接到了哈佛大学、美国斯坦福大学等6所著名高校的录取通知书。

机遇是成功的垫脚石，可遇不可求，一旦你抓住了它，就抓住了通向成功的"捷径"。身为女人，事业和家庭要两者兼顾，爱人和孩子要两手抓，这就意味着，女人要比男人付出更多，而得到的，却未必会比男人多。所以，女人要想成功，就一定要找"捷径"，花最少的精力和时间以获得最大的成效。所以，女人一定要学会抢抓机遇，学会将这个能给我们带来"捷径"的"机遇"牢牢地拽在手中。

／人的一生当中，机遇不可能时常出现，但是也不会永远都不出现。当机遇来敲门时，请不要犹豫，不要退缩，大胆地去迎接它，勇敢地去抓住它，你的人生才会像芈月那样精彩传奇，像吴晶那样光辉灿烂。／

3. 深宫后院，位列八子

眼光，能在生命的价值中折射出最伟大的智慧。用长远的目光来看待事物的发展，那就是一种人生智慧。

或许，眼前之境，未必能让你"衣食无忧"，未必能让你"坐拥天下"，但是，只要你坚持，只要你肯"放长线钓大鱼"，随着时间的推移，随着事物的不断发展，必有一天你会拥有你想得到的。

因为，只有具备长远的眼光，才能成就千秋伟业。

秦惠文王嬴驷将芈月安置到后宫之后，对她一见倾心，故对她的宠幸愈演愈烈，一连数月都流连于她的寝宫，完全将自己的原配惠文后给遗忘了。芈月对此自然是有些许得意的，因为在她未得到秦惠文王的宠幸之前与惠文后起过冲突，算是结下了梁子吧。她知道，自己若要在秦宫里长久地待下去，就必须要得到秦王的心，不然终有一天会被惠文后给赶出秦宫。为此，她用尽十二分的心思去对待秦王。

对秦王而言，芈月就是他和秦国的福星，她入秦之时，楚国便出兵与秦联合伐魏，解除了五国围秦之困境，使他平天下的大志又进了一步。这样有助于自己成就大业的女子，他怎能不爱呢？故在芈月为其生下一子时封她为八子。

对于"八子"这个封号，芈月是十分不悦的。秦后宫共分为八个等级，分别是皇后、夫人、美人、良人、八子、七子、长使、少使，"八子"的级别并不高，跟惠文后比起来虽然还算不上是"天差地别"，但是也还是有一大段距离，芈月怎么能心服口服地接受这个封号呢？

芈月自认为自己也算得上是个"国色天香"之人，封个"美人"也不为过吧？况且她还给秦惠文王生了个公子，"传宗接代"不是女人最大的"资本"吗？

尽管芈月心中有着很深的怨愤，但是识大体的她却从不在秦惠文王面前嘟囔过半句不满于"八子"封号的话，因为她深知，男人，尤其是像秦惠文王这样胸怀大志的英雄人物，是最不喜欢身边的女人向自己发牢骚撒怨气的，他们要的是"知心人"和"知音人"，要的是能跟他谈论国家大事的"知心人"和能为他"排忧解难"的"知音人"。只要她能成为秦惠文王心底的那个知心又知音的人，能让秦惠文王对她是又敬又爱的，还怕不能成为什么皇后、夫人、美人吗？

不可否认，芈月是个绝顶聪明的女人，在评估了现状、展望了未来之后，她暂且把对"八子"不满的情绪压制下去，只一心辅佐秦惠文王平天下，看准时机给秦惠文王出谋划策，多次成功为秦惠文王解除危难，使秦惠文王对她是越加敬佩和器重，当然，也更加地爱她，疼惜她。这，远远超越了一个"八子"所得，所有后宫佳丽都对她更加嫉妒，其中也包括一人之下万人之上的惠文后。

壁虎在遭遇性命之忧时，会自断其尾以保全性命。芈月在获得一个她自认为低于自己应该所得的封号时，她强压住心中的愤怒之火，依然笑脸相迎秦惠文王，依然如昔般照顾秦惠文王，敬他，爱他，为他舒筋解难，为什么？因为她目光长远，用长远的目光看待正在发展的事物；因为她高瞻远瞩，不贪图眼前的小利，而是看到了未来可能获得的"大利"，故而选择忍。

"目光短浅，只能得到蝇头小利；目光长远，才能采摘到胜利的果实。"芈月如是说。

❧❧❧

个头矮的乒乓球运动员因手臂短，肯定不会有前途，坊间一直流传着这么一个说法，所以很多人都不太看好邓亚萍，觉得她的乒乓球生涯应该不会太长，她也不太可能会在这个领域里有大作为。尽管邓亚萍一直以来都是个比较自信的人，一直也都相信自己能够克服一切困难，但对此，邓亚萍的心理压力还是非常大的。

不过，在经过一番思想斗争之后，邓亚萍还是决定坚持在乒乓球领域走下去。因为她觉得自己要用长远的目光来看待自己的乒乓球事业，或许今天大家都对她不太有信心，是因为大家不了解她，没有看到她的实力，只要自己多加训练，必能用自己的汗水和成绩告诉大家，她是行的，她是最棒的！

为了成为那个最棒的人，邓亚萍认真地分析了自己的优点和缺点，该发扬的发扬，该攻克的攻克。

邓亚萍个头比较矮，这算是一个缺点吧，但是也可以说是一个优点。因为对于一般的乒乓球运动员来说，比较低的球很难进行搏杀，而邓亚萍正是因为个头矮，所以无论多低的球，对她来说都有扣球的可能。

为了将这种"可能"变成"一定能"，邓亚萍努力地培养自己的球感，勤加练习，以至于后来练到了什么球都能拉、什么球都能扣的水平，她的个头矮再也限制不了她在球场上的发挥，一个又一个世界冠军青睐于她，使她的芳名流传在世界的各个角落。

在得了若干世界冠军之后，邓亚萍对自己的未来又有了新的打算。她觉得自己这个"老将"该在适当的时候退出体坛，把为国争光、勇夺世界冠军的棒子交给新人，而去接受新的考验了。

多年来，邓亚萍只顾着训练和参加各种各样的比赛，而忽略了自己的学业，为了自己能够更好地立足于社会，她决定退役之后去深造。于是，1997年，宣布退役后，她到清华大学就读，2001年拿下学士学位后又马不停蹄地到英国诺丁汉大学攻读硕士学位，2002年12月获得硕士学位之后又奔赴英国剑桥大学，攻读经济学专业博士学位。学有所成的她，归国之后踏上了从政的道路，先是任北京市团委副书记，后又任人民日报社副秘书长兼人民搜索网络股份公司总经理，将自己的人生价值从体坛转移到了政坛，持续散发着自己的光和热，继续为国为民服务。

邓亚萍是一个具有独到的发展的眼光的女人。她知道自己每一个时期该走什么样的路，知道自己什么时候该做什么事以及为自己储备怎样的能量，知道在特定的时期要有所转换、有所取舍，所以她不管是在体坛还是在政坛，都有着辉煌的事业，都为国家和人民做出了不可磨灭的贡献。

女人，切不可走一步看一步，要学会走一步看十步。只有着眼于未来，着眼于未来的发展，才会不断地进步和发展，才会稳得住家庭，扛得起事业，管得住孩子，拴得住爱人。

　/你的眼光有多远，你的世界就有多大。目光的长远度决定着女人的视界和世界。但凡要想成就一番大事业的女人，务必要具备长远的目光。/

4. 适时献策，才情毕现

虽说酒香不怕巷子深，但人的能力和才华，并不会像酒那样可以挥发出香气来吸引人。在科技日新月异的年代，有能力就要展现出来，有才华就要适时地表现出来，不然只会让自己的能力和才华淹没在竞争激烈的社会大潮中，永远无出头之日。

乱世出英雄。芈月生活在战国那个大乱之世，身为秦惠文王之爱妃，身为秦昭襄王之母，为了辅佐自己的爱人，辅佐自己的爱子，她不惜一切代价周旋于群雄之间，纵横于列国之中，左右着整个战国的纷乱时局，将她过人的才华和能力展现无遗。

芈月才华横溢，机智过人，这本领，张仪是略知一二的。当年在楚国的时候，张仪就见识过她沉着稳定的应变能力，但是芈月洞悉人心、时事和战局的本领，张仪起初也是不知的。秦惠文王初宠幸芈月时，也不觉得她身上有着什么不同于寻常女子的特质，以为她如自己后宫的其他嫔妃那般，只不过是一个能让他在云雨之中倍加享受的柔弱女子罢了，直到那一天，他才知道，他枕边的这个女人，有着如此惊人的气魄和才能。

五国围秦之困境解除，秦惠文王便决心要去对付魏国，他心中已有谋略了，可是，如何才能按照他心中所想走好这步棋呢？秦惠文王为此颇为烦恼。

聪明的芈月以一个恰如其分的比喻成功将秦惠文王心中的谋略勾勒出来，芈月曰："打魏国，就像是打狗一样，把它打痛了之后再投其所好地去抚慰它，如此一来，必然马到功成！"

　　秦惠文王对芈月的比喻十分满意，不禁纵声大笑起来，芈月趁秦惠文王心情大好之时主动出击，献计献策："秦约齐、楚、魏三国会盟之时，臣妾想跟相国一同前去。"

　　芈月心里是这么盘算的，在多国会盟上，她哪怕只是坐着不说话，对魏国也具有威慑作用，她的出身"楚国公主"以及现今的身份"秦国王妃"便可响当当地告诉魏国，楚国可是秦国的盟亲，魏国若是坚持要合纵攻秦的话，那么大秦不仅要联合楚把魏国给灭掉，还要灭了三晋，届时，那些弱国就再无翻身的机会了！

　　秦惠文王寻思了片刻，读懂了芈月的话中之话，尽管他深知此番联盟是一场心理攻坚战，看似没有硝烟也没有刀光剑影，但其实危机重重，他有些担心芈月一介女流参与此事会有危险，但是看到芈月如此上心，如此迫切地希望为己分忧，他便干脆地答曰："准了！"

　　此番联盟被义渠王给破坏了，秦国多位元老到秦惠文王面前谏言芈月入秦联姻另有阴谋，此番会盟就是芈月通风报信以致失败的，秦惠文王对此有几分相信，但最终在芈月之弟芈戎挟义渠王到秦惠文王跟前把话说明——他是受楚令尹昭阳指使前去破坏联盟的之后，还了芈月的清白。

　　秦惠文王自这次联盟之后，在查明芈月并无异心，只一心一意地辅佐他之后，开始慢慢地"器重"芈月，会时常跟她聊一些战局、时局，有时会问问她的意见，即使他心中已有谋略，很多时候也会征求一下芈月的意见，芈月十分了解秦惠文王的内心所想，几乎每一次都能猜中他的心思，有时秦惠文王确实没主意，芈月会大胆地献上自己的计策，以助秦惠文王打天下，秦惠文王因此越来越欣赏芈月，也越来越依赖芈月。

　　是金子，在哪里都会发光。但是如果金子不破土而出，而是被厚土给掩埋了，即使它再光亮也不会被人发现。

　　"不管你要登上什么样的舞台，都不能害怕，不能退缩，要勇于展现自己的才华！"就这样，芈月成了秦惠文王的"贤内助"，开始慢慢地进入了战国的政治圈，渐渐登上了中国历史舞台。

才华，它是一种隐性的基因。如果你不去关注它，不去展示它，那么它一辈子就只能这么隐藏在你的灵魂深处；但是如果你去挖掘它，展示它，它必能给你带来不一样的人生，精彩的人生。

在美国芝加哥市的西北角，有一个名叫罗爱德的小镇。

这个小镇的一位女教师举办了一次摄影展，展出的照片看起来都很普通，照片中的主人公不是别人，正是这位女教师的女儿。

很多人都会有所疑惑，这些照片只不过记录了一个女孩的点滴成长片段而已，怎么就能在摄影展中展出呢？而且还吸引了美国各地两千八百多名记者前去报道，打破了美国个人摄影展采访记者人数的历史纪录呢。

摄影展的展览馆共有八层展厅，据现场采访的记者介绍，展出的这些照片是从拍摄技术到画面内容都很平凡，没什么技巧，有的还有"千篇一律"之嫌，但是摄影师的真实、认真和坚持让记者们感动，记者们无不对此精神竖起了大拇指而表示赞叹！

这位女教师叫露依丝，四十多岁，1991年起一直在当地的某小学任教。她的生活平淡无奇，她本人看起来也并没有什么出彩的地方，但是她有一个特点，那就是非常坚持和认真，每天都要给自己的女儿珍妮拍一张照片，从出生的第一天拍到女儿满20周岁，她足足拍了7300多天，坚持了7300多天，照了7300多张照片。

尽管有人对她的照片评价不是很高，但是她还是争取到了当地教育机构的支持，把这些照片整理出来办了个主题为"女儿每天都是新的"摄影展。在伟大的母亲眼中，孩子的每一天都是新的，孩子的每一个动作、每一个表情，也都是不同的。尽管在外人看来，那是多么的平凡、多么的无奇，但是对于母亲来说，这些都是十分奇特的，甚至是独一无二的。

如果在一开始遭到人们质疑时，露依丝就放弃举办摄影展，就放弃展示自己的摄影才华以及展示伟大母亲对孩子永恒的爱的话，那么这些所谓的"平凡无奇"的照片还能轰动整个美国，名扬于全世界吗？

　　"适时地展现自己的才华，收获的很有可能是别人一辈子也无法企及的辉煌。"露依丝，这样一个平凡的母亲、平凡的教师，适时地将自己的才华展示于世人面前，使自己成为一名世界闻名的"摄影师"，我们在为她的勇气点赞的同时，也鼓励一下自己，不要怯弱，不要隐藏，有才华就一定要展示出来……

　　酒香其实也怕巷子深的。女人啊，请不要埋没自己的才华，请不要害怕在众人面前展示自我，大胆地向大家证明自己的能力吧，相信你的微笑一定能感染大家，相信你的能力一定不在男人之下！

　　／有能力就要展现出来，有才华就要适时地表现出来，不然只会让自己的能力和才华淹没在竞争激烈的社会大潮中，永远无出头之日。／

5. 百花竞艳，诚心相待

人与人相处，最重要的是坦率和真诚。在我们的日常生活中，一句真心的问候，一个体贴的动作，一个善意的微笑，都包含着最真诚的元素。

真诚是一种最坦然的交流，它不需要华丽的词藻来修饰，也不需要蜜语来粉饰，它是人与人之间内心情感最自然的流露和最直接的表达。只有真诚，才能更好地相处；只有真心，才能更好地相知。真诚的人，不矫揉造作，不虚情假意，用一颗纯真质朴的心来对待自己的爱人、亲人和朋友。

芈月告诉我们："只要肯付出一份真诚，必然会换来一份真心。"

秦楚对垒沙场，秦国的英勇骁战的战士将领都去迎战楚国了，义渠王趁秦国兵力最为空虚之时领兵攻打咸阳，目的只为得到秦王妃芈月。不管秦惠文王对芈月是否有真情，他作为一国之君，怎能用自己的宠妃去换取和平呢？何况他又是此等好面子之君王。故他对义渠王的卑鄙行径极为不齿，恨不得亲自领兵迎战把义渠王给碎尸万段。可是，当前的战局十分混乱，或许真的只有牺牲他的芈八子才能换取暂时的和平，他究竟该如何取舍呢？

懂时局也识大体的芈月深知秦惠文王的两难抉择，既然他无法做出选择，那么我就替他选了吧！一向性子烈的芈月强忍着泪水扑通跪在秦惠文王跟前道："区区一个芈月，怎能跟大秦相比？与国家的利益比起来，芈月的去留又算得了什么啊？"

秦惠文王被芈月的话给深深地震撼了！确实，在他后宫众多嫔妃之中，芈月算是比较特别的一个，她直言豪爽，她敢作敢为，她天真烂漫，她坦诚善良，她温柔

大方，她也绝顶聪慧，她时常陪伴在他左右，替他分析时局，替他排忧解难，当然，她还能让他夜阑人静之时享受云雨之欢，总之，她早已深深地印在了他的心里，他早就把她当成了自己生命的一部分，他对她，可谓是鹣鲽情深啊！他怎么舍得把她拱手让给另外一个男人啊？可是，时局不如人愿啊！

本来秦惠文王是有那么几秒钟不如牺牲爱妃芈月来换取秦国的和平之念想的，但芈月大义凛然主动提出牺牲自己，他被芈月的那份真诚和真心给深深地感动了，他堂堂一个七尺男儿，连自己深爱的女人都保不住的话，还配统领秦国的千军万马，统领秦国的大片疆土吗？想到这，他更坚定了不管付出多大的代价都要保住他的秦王妃和秦国的想法！

可是形势危急，加上又有人挑拨离间，说芈月和义渠王有染，虽然秦惠文王深信芈月对他忠贞不二，但是身为一国之君王的他，关键时刻只能割舍私情以大局为重，最终把芈月送到了义渠王身边。秦惠文王对此悔恨终身，因为他觉得那是他这一生中所做的最错误的事，也是自己最难以原谅自己的事，因为他比任何人都清楚，芈月对他的忠贞，对他的真心真情和真爱，而他，对芈月的深情也天地可鉴，只是，当时的情境，容不得他留下她……

尽管芈月和秦惠文王最终没能厮守终生，但是不可否认，秦惠文王一生中最爱的人是芈月，他一生中亏欠最深的人也是芈月。他爱她，那么深，那么深……她对他的付出，是那么真，那么真……

❧❧❧

真诚是一种可贵的品质，它是一种主动的行为，你若想得到对方的真心，那么你务必先要付出自己的真诚，当别人感受到了你的真诚之后，必然会回报给你更多的真心。

好友晓晓大三的时候，她的男朋友周扬刚大学毕业，当周扬满心欢喜地踏上自己喜欢的工作岗位准备用一年的时间来储备"财富"，待晓晓毕业即迎娶她时，他的肝病恶化了。周扬怕拖累晓晓，向她提出了分手，晓晓不依，她对周扬说："此生，必然只与你同行。"

之后，周扬在晓晓的支持和鼓励下，来到了大医院就医，幸运的是，当时国际上正好研发出了一种抗肝病病毒的新药，但是价格昂贵，每粒的价格差不多50元，每天要吃一粒，这对周扬和晓晓来说，压力大得透不过气。然而，晓晓竟然毫不犹豫地就帮周扬做了决定：吃！

这一吃，就是整整一年。

这一年里，晓晓每天除了上课外，还要做多份兼职为周扬赚取医药费，虽然很累，但是看到周扬的气色一天比一天好，她心里不知有多高兴。

周扬在家休养了三个多月之后终于可以回单位上班了，这在一定程度上减轻了晓晓的经济负担不说，还让晓晓看到了希望，看到两人美好的未来。可是周扬这时又向晓晓提分手，他爱晓晓，但是不希望晓晓跟着自己受苦，他希望自己深爱的人能活得轻松一些。

晓晓当然不依了，她哭红了鼻子对周扬说，从知道你患病的那一刻起，我就告诉自己，一定要陪这个人慢慢地变老，我这辈子最大的心愿就是要让这个我爱的男人活得比自己长！

周扬哭了！被晓晓的话感动得哭了！那一刻，他才知道，他对晓晓来说，不仅仅是一个恋人那么简单，还是一个一辈子的"心愿"！从那以后，他再也不提分手的事，再也不怕连累晓晓了，他每天都告诉自己，一定要好好地活着，一定要好好地守护他的天使，即使自己没有一个完全健康的身体，但是他有一颗拼搏上进的心，他一定可以让晓晓拥有一个幸福美满的家，让晓晓过上富足的生活！

一年后，晓晓顺利毕业进了一家国企工作，周扬的各项"生命指标"也开始慢慢趋于正常了。尽管他的肝病这辈子都无法根治，但至少不会影响他今后的日常生活，能吃能睡能工作能生孩子，跟其他的夫妻并无两样，这对晓晓和周扬来说真的是莫大的幸福。

后来，在双方亲友的见证和鼓励下，晓晓和周扬手挽着手步入了婚姻殿堂，第二年他们又迎来了他们爱的结晶。

如果日子就这么一帆风顺地过下去的话，他们一定不会去回忆那一年他们所遭遇的重大人生变故，不会去想当年他们所经历的所有苦痛。

然而，一切并没有如想象般顺利。

周扬跟晓晓的孩子上幼儿园时，晓晓的体检报告说她的乳腺增生发展到了很严重的地步，很有可能癌变。当年周扬病情严重时，晓晓就被查出患有乳腺增生了，医生建议她赶紧治疗，但当时忙着赚钱和照顾周扬，根本没多余的时间去顾自己的身体，所以一直任由它发展下去。

没想到，结果是那么的残酷。周扬知道了晓晓的病情之后紧紧拥住她说："不怕，有我在，我陪着你好好地治，咱们一起努力，一起把病治好！"

积极的治疗态度加上暖暖的爱意相伴相随，晓晓的病情很快就得到了控制，这让这对经历过"大风大浪"的夫妻脸上重现了欢笑，使这个三口之家又恢复了往日的欢声笑语。

当年，若不是晓晓拿出自己的十二分真诚对待周扬，周扬又怎么会在她最需要关怀的时候对她呵护有加？

一份真诚换来一份真心，一份真心能让一段感情经久不衰。

给爱人多一份真诚，给孩子多一份关爱，那么，我们收获到的，必然是一个疼自己的男人，一个爱自己的孩子，一个充满着温情与温馨的幸福家庭。

/只有真诚，才能更好地相处；只有真心，才能更好地相知。真诚的人，不矫揉造作，不虚情假意，用一颗纯真质朴的心来对待自己的爱人、亲人和朋友。/

6. 美艳绝伦，得之君心

姿色，是女人的资本。正如人们所说的，女人"心花"，是因为她貌美如花。

著名作家张爱玲就曾说过："一个男人选择一个女人，绝对不是因为她的内在有多美，而是因为这个女人的外在形象带给他美好的感觉。"天下间，没有哪个男人会不喜欢长得漂亮的女人。外表甜美靓丽，给人以舒适之感，自然会给人留下一个美好的印象，这是获得别人青睐的最直接也最简单的方法。

"事业是男人的姿色，而姿色就是女人的事业。"芈月虽然在乡野之地生活，但是跟一般的采茶女有着明显的区别，且不说她天生就长得漂亮，后天她也十分注重自己的仪表。尽管她穿的是粗布衣裳，操持的是采茶工具，做的是农活，但是每天她都会把自己打扮得清爽自然、水灵清透，让人感到十分舒爽。

芈月的一生中，很多男人都对她动过心，很多男人都是在看到她的第一眼就为之倾心了。

第一个对她一见倾心的是楚怀王。当她作为楚秦联姻的"工具"觐见楚怀王时，看起来清纯得犹如仙子下凡，但是白皙的尖下巴又有种摄人心魂的魅力，那清澈见底的双目，似春风又似雨露，瞬间将楚怀王给迷住了，以至于让楚怀王对她念念不忘许多年，后来芈月的儿子登基为王，她成功利用楚怀王对她的惦念，与楚国再结联盟以抗衡其他列国。

第二个是义渠王。义渠王在秦、齐、楚、魏四国会盟时把芈月俘走，当他看到面带桃花、眉目含春、嘴角微扬、出落得水灵灵的芈月时，不禁怦然心动，以至于爱了她一生一世，即使成为她集权的工具，最终死在了她的手里，他也无怨无悔。

芈月能成为"天下第一后"，能坐拥天下那么多年，那些爱她的男人们，有着不可磨灭的功劳。

芈月的丰功伟绩之所以能够流芳万世，她傲人的姿色起着不可替代的作用。

尽管女人的容颜会随着岁月慢慢老去，女人的姿色会因为皱纹的出现而渐渐淡去，但是，在它还未被岁月侵蚀之前，在皱纹还未将其掩埋之时，就要好好地利用它，因为它是女人最能直接体现魅力的"镜子"。

精致的五官，白皙的皮肤，有品位的服饰，加上自信、高贵的微笑，就这样勾勒出了一个独具魅力的她。

她，28岁的时候在第63届戛纳电影节上，身着明黄色龙袍礼服现身走红毯，竟然将所有媒体记者的眼球都给吸引住了，使无数台相机一直对着她猛拍，有人是这样评价她的那一次出场的："她借戛纳这个国际大舞台向全世界人民展现了华美的东方神韵。"

在2011年第64届戛纳电影节上，她又以一身红色的仙鹤装亮相红毯，以其独特的中国元素设计成功地展现了东方之美，再一次在电影节上出尽了风头。

2012年第65届戛纳电影节上，她依然拿出了她女王般的气势，以一身"青花瓷"的装扮亮相，再一次弘扬了中国的传统文化，使她第三次惊艳了全世界。

2013年4月24日，福布斯发布"2013中国名人榜"前100名榜单，她凭借着独具东方之美韵的容颜以及在影视圈越来越强劲的发展势头傲居榜单之首。

她，就是范冰冰，一位美艳绝伦的大陆女演员。不知道多少观众在看到她的第一眼，便被她出彩的姿色给深深地吸引。正是因为她那张美得不可思议的脸，不管她有没有电影作品上映或参展，她都能够在国际电影节上大放光彩，为东方女性争光，商业价值也因此日渐提高。

范冰冰是因在台湾著名女作家琼瑶所著的小说《还珠格格》改编的同名电视剧中饰演"金锁"一角而走进全国观众的视野的。尽管那时候大家只记得她的美，她的纯和她的简单与自然，但是这对她来说便是最好的开始，先被观众记住了，之后才会有更多的影视剧组找到你。

范冰冰无疑是幸运的。一部《还珠格格》不仅让观众们认识了她，更让一些知名导演和制片人记住了她，之后，她的片约不断，有的是大师级的制作班底，有的是国际知名导演执导。她也在多部影视剧的磨砺下，演技突飞猛进，摘取了多个奖项：2009年，她出演的《日照重庆》等多部电影作品多次入围国际电影节；2010年，她凭借电影《观音山》夺得了东京电影节"影后"的桂冠。2012年她主演的电影《二次曝光》票房过亿元；2013年，她凭借自己在《二次曝光》的精彩表演获得了第九届华鼎奖"最佳女主角"；2012年她客串的电影《人在囧途之泰囧》票房突破十三亿！

电影票房高居不下换来的是商业价值的居高而上。范冰冰代言的产品涵盖了五十余类中外品牌，其中不少是国际顶级奢侈品品牌。其中，最为值得一提的，是她于2013年4月成为酩悦香槟270年历史中第一位亚洲代言人。

这一路走来，从默默无闻的配角到票房过十亿的具有超高商业价值的女演员，不得不说，范冰冰的美艳绝对起着至关重要的作用。

容貌是女人的专属资本，美丽是女人的专属特权。幸福会因为美丽而芬芳流转起来，人生也会因美丽而变得万分丰盈起来。

女人，就应该活得像灿烂的花儿一样，随时随地都能绽放出自己的美丽光彩。

我们经常说内在美很重要，从而很多女人忽视了外在美。不是每个人都天生丽质，因此就要注意后天的保养。不是每个人都愿意通过连你自己都毫不在意的邋遢外表去发现你内在的优秀，你必须活得精致！同时，注重自己的外表也是对别人的一种尊重。

珍爱自己，从珍爱自己的容颜开始吧。

美丽，是爱情的保鲜剂，是婚姻的防盗锁，同时还是事业的敲门砖。每一个女人都要努力经营和保养好自己的容颜，切不可掉以轻心，切不可不以为意。要知道，世界上最昂贵的蛋，就是女人的脸蛋；世界上最时尚的服装，就是女人的皮肤。

7. 忍痛割爱，入燕为质

公元前312年，秦惠文王在内忧外患之时将芈月推到义渠王身边以求和，在危机解除之后，芈月又被秦国抢了回来，但是秦惠文王却不让芈月进宫，而是让芈月带上他们的儿子嬴稷一同去燕国。当时列国的王朝在更换，新旧交替，危险重重，加上秦国内部争储之势又愈演愈烈，惠文后对芈月恨之入骨，为保自己的儿子能当上储君，正不惜一切代价陷害芈月。秦惠文王虽然一直以来都十分信任芈月，但是他年事已高，根本再无力保护他的爱妃和爱子，为保芈月和嬴稷周全，唯有把他们送往当时正处内乱之际的燕国以避祸。芈月理解秦惠文王的良苦用心，也知道在大乱之世，在硝烟弥漫的秦后宫，她再无立足之地了，只有离开秦国"出走"燕国，她和她的嬴稷才会有一线生机。

在燕国生活的那段日子，燕国举国上下陷入了一片混战之中，加上齐宣王趁火打劫，将燕国打得落花流水，尸横遍野，母子俩颠沛流离苦不堪言，且每日还要忍受思念之苦，后来母子俩躲到了燕国边境的一片深山之中才得以安定下来，暂时避过了列国的混战。

芈月在乡野之中长大，故很快便能在这一片匮乏的土地上生存下来。但是爱儿嬴稷从小在王宫里长大，自然没吃过什么苦，面对如此艰苦的环境，嬴稷自然是有怨言的，但是内心无比强大的芈月却对嬴稷说："苦而不怨，富而不骄，一定要学会忍耐，学会在艰苦的环境下生存，以磨炼自己的心志，日后方能成大器。"

艰苦的环境对芈月来说并不是什么"拦路虎"，咬咬牙就熬过去了，但是心里的苦痛，却不是那么容易熬过去的。

公元前311年，芈月接到了秦国传来的消息，她的夫君秦惠文王驾崩了！听到此消息，芈月差点晕过去！虽然她心中对他有恨，是他亲手把自己送至别人的怀抱，也是他把她送往这苦寒之地的，但不可否认的是，她爱他甚于恨他，入秦以来，是他用厚重的爱，宠她、爱她、包容她，不管群臣对她有多大的怀疑，他依然坚信她，不管后宫嫔妃怎样陷害她，他都站在她这一边，始终相信她是无辜的。她知道，他是那么地爱她，她心心念念的又何尝不是他呢？她多么想，第一时间赶回秦国，哪怕是看他一眼，只最后一眼，她此生便无憾了！然而，她万万不能在此时回去，皇上驾崩正是新王即将登基的敏感时期，她在这个时候携嬴稷回去，难免会让群臣以及惠文后产生怀疑，怀疑她要自己的儿子去谋夺王位，那样的话，必然会遭到杀身之祸。为了嬴稷的安危，她必须选择隐忍，只能远远地在燕国为自己深爱的男人默哀。

可是年少气盛的嬴稷，本着对父王的一片赤诚，吵嚷着要回秦国送父王最后一程，芈月当即厉声喝他："三军不可夺志！三军者，男儿也；志者，男儿之志向也，只要你志向不灭，终有一天能回到秦国！"

"以不变应万变，静待时机才能有所成！"芈月相信，只要他们母子再坚忍一段时间，必然会等到回秦的好时机。

一路的千辛万苦，一路的忍辱负重，芈月最终等到了回秦的最佳时机，嬴稷将得以继位为王，她也将贵为皇太后。

❦

忍辱负重，静候时机是一种人生的大智慧。无论遇到多少艰难，只要我们身怀大智慧，都不会被打倒。

《哈利·波特》系列作品的作者JK罗琳大学主修的是法语，但是她却热爱英国文学。毕业后前往葡萄牙发展时，她与当地的一位记者坠入情网并步入婚姻殿堂，还有了孩子，可惜两人很快便离婚了，之后她带着3个月大的女儿洁西卡回到了英国，栖身于爱丁堡一间没有暖气的小公寓里。因找不到工作，只能靠微薄的失业救济金养活自己跟女儿。当时，JK罗琳觉得自己是除了流浪汉之外所有英国人中最穷的一个。

"那段日子是我生命中的黑暗岁月，我不知道它是否代表童话故事里需要历经的磨难，更不知道自己还要在黑暗中走多久。很长一段时间里，前面留给我的只是希望，而不是现实。"JK罗琳不甘心一直这样穷困下去，她告诉自己，不管怎样都一定要熬过这段最艰难的时光，再穷再苦再累也要咬紧牙关忍耐，一定要等到一个让自己翻身的机会。

幸好，穷得叮当响的JK罗琳还有一台旧打字机，她觉得这台打印机或许就是自己"翻身"的工具。因为一次偶然的机会，罗琳在曼彻斯特前往伦敦的火车上看到一个瘦弱的戴着眼镜的黑发小巫师一直在车窗外对她微笑。这一幕使她萌生了创作《哈利·波特》的念头，于是回到家之后她立刻开始动笔，将这位小巫师幻想成为她小说中的男主角哈利·波特。就这样，一台打字机和一个大想法，促使她一边带女儿，一边在又小又冷的屋子里写作，有时她也会换换环境，到家附近的一家咖啡馆里把脑海里构思好的哈利·波特的故事写在小纸片上，女儿就在桌边的小推车里睡觉。

不知忍耐了多少个贫穷的日子，不知埋头苦写了多少时光，《哈利·波特》第一部《哈利·波特与魔法石》终于完稿了，由布鲁姆斯伯利出版社出版，一出版便引起了全世界人民的关注，销量与日俱增，好评如潮，一举摘下了英国国家图书奖儿童小说奖以及斯马蒂图书金奖章奖。罗琳趁着这股"东风"，继续边带女儿边创作《哈利·波特与密室》和《哈利·波特与阿兹卡班的囚徒》等六部作品，"哈利·波特"系列小说迅速红遍全球，不仅引起了众多专家学者的热烈讨论，也吸引了一些知名导演前来洽谈影视版权。

《哈利·波特》系列小说不仅缔造了当代出版界的销售神话，同名电影也收获了超高票房，罗琳凭此成功跻身于畅销女作家行列，并且获得了巨大的财富，从此告别贫穷时代。

忍耐需要有一定的修养，忍辱需要有一定的度量。一定要做一个有修养有度量的女人，幸福才会垂青于你，成功才会青睐于你。

/在人的一生中，必然会经历很多很多的苦难，既然这些苦难躲不掉，那就只有接受，只有学会忍耐，忍得一时的艰辛和困苦，才会换来一生的欢欣，忍得了一时的屈辱，才能换得来一生的幸福。/

8.面对困境，沉着应对

人这一生，时时处处都有喜有悲，有得有失，不要因一时之挫悲天怨世，备受痛苦折磨而不能自拔。遭遇困境、遭遇得失之时，定要处变不惊，沉着应对，才能寻找到新的希望，走出阴霾，看到灿烂阳光。

人活着，就像是在大海中航行，大风大浪时而来袭在所难免，一味地仰天咆哮只会让自己更容易被惊涛骇浪所吞噬，只有处变不惊，沉着应对，才能寻找到一线生机，成功救己于危难之中。

向寿，芈月娘家唯一的亲人，她带他入秦欲让他享福，可谁知，某一日深夜，侍女来报说他府上起火，有可能已被灭门，芈月急忙出宫前去查看缘由。

从后宫到宫外，需经过一个小巷子，然后经过咸阳宫的一个鲜有人去也无人把守的偏殿，芈月还未到偏殿，就听到路两旁的槐树上发出了"沙沙沙"的声响，芈月心想，看来是中埋伏了！

果然如芈月所料，三个黑影如鬼魅般从槐树上一跃而下，一把长长的利剑直刺向芈月。幸得芈月身手较为敏捷，向后一跃躲过了利剑，可是随行的两名宫女却被另两把利剑直刺进胸膛，一命呜呼，手中的灯笼瞬间滑落在地，引燃了地上的落叶。

这时，芈月一低头便看到了一地的鲜血。然而，她并未被这等凶残的情景给吓坏，她镇定自若地巡视了一下四周的环境，极为偏僻，根本不可能会有人来救她，她唯有自救。怎么自救呢？突然，芈月的眼前一亮，着火的灯笼给芈月带来了生的希望。

于是，芈月拔腿就往槐树后面跑，黑衣人见状立马追上去，芈月成功将黑衣人引离开灯笼，然后她又突然杀了个回马枪，径直冲向着火的灯笼处，顾不上烫手，抓起灯笼就往偏殿的窗户抛去。芈月是想用灯笼引燃偏殿的窗纸，以引起熊熊大火，引官兵到来救她。

然而，灯笼被抛入窗户内却直直落在了地上，因火光太小，没点燃任何的物体，没出现芈月预想的火光漫天的情景。

三个黑衣人迅速举剑追到芈月身后，芈月见此情景，脸上并未现出惊慌失措的表情，反而昂着头，一副视死如归的模样。

这时，一声尖叫打破了夜空中的宁静。

偏殿里居然有人！黑衣人被突如其来的尖叫声给吓了一跳，芈月心想，这下好了，有人在此地，应该可以助我逃出黑衣人的魔掌，我定要抓住时机逃离此地。

于是，芈月趁一个黑衣人跃窗进入寻找发声者、另两个人愣在原地思索着要不要进攻时，拔腿就跑，两个黑衣人这才回过神来，紧追起来。

不知道跑了多远，一个黑衣人就快追上芈月了，他看准时机高举起利剑向芈月刺去，芈月想用手去挡，可是利剑挥得太快，直刺中芈月的背部，划出了一道长长的口子。

若再不想法子脱身，恐怕真的要命丧利剑之下了！芈月边这么想着边忍着伤痛继续往前跑，这时，她听到身后传来一个声音，应该是进入偏殿内寻人的黑衣人的声音，他高呼："殿内空无一人！"芈月顾不上去想偏殿里刚才明明传出了尖叫声，可是为什么却找不到人，她眼珠子一转，正好利用这一点，惊呼："殿内有鬼！有鬼！"她一边叫着，一边装作惊慌失措的样子，不过她的方向竟然是偏殿，身后三名黑衣人一听有鬼，立马心里直打鼓，瞬间停下步子彼此打量，芈月趁此机会翻窗进了偏殿，偏殿内除了一张床什么都没有，芈月这才想起有侍女跟她提过的，偏殿内时常会有些男女去偷情，因此她认为此处必定有暗道逃跑，而此暗道，很可能就在床底。

于是，芈月钻到了床底，结果真的在床底发现了个洞穴，这时她听到了三名黑衣人的脚步声，他们正慢慢向床边靠近，情急之下，芈月跃身跳下洞去，然后一路摸黑走出洞穴，没想到此洞穴居然是通向后宫的一个小花园。

黑衣人也发现了这个洞穴，却不敢贸然地钻进去，只好放弃此次追杀行动，芈月这才得以脱险。

芈月这次能够死里逃生，完全靠的是自己，若不是她处变不惊，镇定自若地想法子自救，恐怕她便再无垂帘听政的机会了。

❧

"处变不惊，智者无敌。"芈月如是说。处变不惊，它不仅能解救你于危难之中，还能给你带来辉煌的事业。

1999年，是美国有史以来最大的经济繁荣期，可是雅芳公司的股票却一直在跌，第四季度的销售额度和盈利急剧下滑。同年11月，雅芳公司的首席执行官查尔斯·佩林也因此引咎辞职。在这紧急关头，40岁的钟彬娴迎难而上，接任了正处于低谷期的雅芳公司的首席执行官这一角色。谁也没想到她接手之后竟然改变了这家公司的命运，她也被西方商界视为神话。

钟彬娴临危受命之前对经营无半点经验，故要她一下子接手掌管一家拥有几百万名独立经销代表，且在137个国家和地区都有业务的国际大公司，这对她来说确实是有很大的压力，但是她并没有因此而自乱阵脚，反而镇定自若地为雅芳谋出路，处变不惊地用自己的实力来证明自己能管理好这样一家有着国际影响力的大公司。

她刚一上任，就对公司进行大刀阔斧的改革，然后又压缩成本，另寻销售渠道推广产品。为了增加营业额，她拓展了公司的直销渠道，不仅在一定程度上拉近了雅芳与消费者的距离，同时还提高了雅芳产品的知名度。

就这样，她用了两年的时间，使雅芳公司由一家女性化妆品直销公司成功变成一家兼具电子商务和其他销售渠道的女性化妆品公司，不仅被《商业周刊》评为全球"最有价值的品牌"百强之一，而且在2002年的时候，雅芳公司全年的营业额竟然超过了60亿美元，股价上升了19％。

钟彬娴的个人魅力也与雅芳公司的蓬勃发展一并上升，她不仅入选了《财富》杂志50位最具影响力女性排名，而且还登上了《财富》杂志世界最强女性专刊的封面。

女人，遇事一定要临危不乱，处变不惊，才能活出自我的风采。

/ 处变不惊，是一种难能可贵的生存方式，是一种超然的人生境界，是一剂豁达处世的良方，是一种淡定的人生态度。风起云落，祸兮旦福均有时，唯有处变不惊者才能寻思化解，才能突出重围，才能主宰自己的命运，才能活出真我的人生。/

9. 列国动荡，联楚弱楚

"识时务者为俊杰"，即认清当时的形势，认真分析当前的局势，正确处理好进与退的关系，择善而从之，方能成为才智杰出的人物。

尽管有人觉得这有逃避的嫌疑，但是小到我们个人的自我选择，大到国家的方针政策，都会随着内外部环境的变化而有所改变，如果我们还一味地坚持原来的选择，必然适应不了变化了的大环境，遭遇的结果必然是失败的，但是如果我们适时地做出调整，适当地做出改变，甚至该放弃的就放弃，那么还会有成功的可能，不然只会一败涂地。

懂得因实际情况的变化而适时地做出调整的人才会更易获得成功。知难而进者固然是可喜可贺，但是审时度势，善于放弃更难能可贵！

芈月之子嬴稷登基为王之后，与楚国再次联姻，娶了楚怀王的孙女叶阳为妻。这时，韩、魏两国陷入战局，韩国使者前往秦国求援，嬴稷担心一旦秦国援助了韩国，齐国也插手进入混战的话，楚国必然危机重重，他不想妻子叶阳伤心，故不想接见韩国使者，可是芈月对此大为不悦，身为楚国人的她何尝不为楚国陷入危机而忧心？何尝不对自己的母国有所眷念？可是在那个弱肉强食的时代，要让自己变得更强大，就要学会放弃，因为顾得了私情就顾不了大局，如此情境，她只能割舍掉自己对母国的那份留恋。

为了让自己的儿子当好秦国的王，为了让秦国不断地走向强大，她唯有提出联楚弱楚的计划！为了促成秦楚联盟，她不远千里入楚，不惜付出一切代价与之结交！为了保秦国西境的安宁，她不惜做了义渠王的情人！

"今天的放弃或是牺牲，是为了明天的得到和拥有。"芈月深知这个道理。虽然楚国被削弱得再无还击之力，根本无法跟秦国抗衡，而齐国威胁着秦国的发展，她和嬴稷便要出兵伐齐，可是以秦国当时的实力，要想把齐国打压下去，必须得付出些代价，芈月经过深思熟虑之后，决定将从韩、魏两国夺来的土地归还给他们，以使他们因感激秦国而疏远齐国。

最终，在芈月的舍弃之下，秦国合纵伐齐之势顺利形成，大秦今后一统天下的大业又推进了一步。

〰〰〰

但凡欲干一番大事业者，就一定要跟着时局走。善于变通，适时地调整自己的战略措施，选择更优的方案向目标挺近，才会更易达到目的。

主要从事中高档家具的设计、生产、销售等业务，年销售额在1亿元以上的北京伊力诺依投资有限公司的董事长史晓燕，是一个非常善于根据时局调整战略的女人。

20年前，史晓燕在协和医院当护士，在骨科病房注射送药，她并不介意工作辛劳，只是每月只有70元的薪水和6毛钱的夜班补助，这跟她的辛勤劳动付出不成比例。她不想这辈子就这么寒酸地度过。当时"走出国门"的人越来越多，她看到了这样一个发展前景，所以不管自己每天下班之后有多累，为了将来自己能走出去而有更好的发展，她总是逼自己努力看英文书以充实自己。

20世纪80年代，我国掀起了一股"下海"的热潮，很多人放弃了手中的"铁饭碗"去创业。史晓燕对此现象进行了评估，她认为这说明国民经济的发展蒸蒸日上，她要抓住这个机遇，为自己的未来做新的打算。在1984年的时候，史晓燕在没跟家人商量的情况下从协和医院停薪留职应聘到了一家外企工作。有良好英语基础的她，在1989年时，终于得偿所愿走出了国门，随先生到了新加坡居住。

原本先生是让她在家做全职太太的，但是她是个耐不住"寂寞"也闲不住之人，她一定要在陌生的国度闯出一番名堂来，才不枉她多年来的努力深造。她先是去做导游，后又在新加坡炒房，第一次买到红灯区，亏了，第二次买了个地段好的，赚了8万新币。

在不断的尝试之下，她渐渐发现自己比较适合做贸易。又因她从小就对颜色、艺术感兴趣，故她想要做与艺术有关的贸易。可是光有兴趣是不够的，没有扎实的专业知识，想要获得成功，难上加难。于是，她到美国芝加哥惠灵顿学习室内设计，后回国创业。

当时的家具行业有逐渐上升的势头，她看到了这个优势，毅然决然地投身于家具行业。她进军家具行业之后，接到的第一单生意竟然高达300万美元，为某别墅区几百套房子提供家具。为了做好这桩生意，她不计成本地直接从美国进口家具，结果损失惨重。她对自己的这次失败进行了总结，发现进口家具根本不适合当时我国人民的需求，以我国当时的经济发展条件和国民的收入水平，国产的家具要比进口的家具有市场，于是她便调整"战略思路"，从头再来。

就这样，她拽着自己手上的一点余款，在机场高速路旁投资150万元建起了一座占地50余亩的家具厂，起初只是接一些修修改改的活儿，后来渐渐发展成生产家具、进口家具，并在北京著名的中粮广场租下了百余平米的卖场，创下了每月零售额100万元的销售纪录。

之后从中粮广场出来，史晓燕当机立断不再进家具城进行销售，而是在北京的光华路花400万租下了一座破旧的工厂改造成1万平米的卖场，开始打造伊力诺依，坚持走全方位的"国际化"路线。

对于史晓燕要打造"国际化"路线的伊力诺依家具，大家的质疑声很高，但史晓燕仔细分析了当时家具行业的现况以及国民当时的消费水平，她觉得"国际化"路线的家具应该更适合当时人们的需求。所以她坚持自己的决定，不管工作多么忙碌，每月都会抽时间出国看世界各国的家具展，同时还从台湾高薪聘请资深家具设计师到公司工作。

史晓燕真可谓是个"女俊杰"，她成功地分析了时局，时刻根据时局的变化调整自己的发展战略和经营战略，使她一手创办的伊力诺依产品脱颖而出，成功地发展成为北京著名的家具品牌。她的声名因此大振，她的人生开始翻开新的一页。

　　芈月和史晓燕的传奇人生均告诉我们，女人在遇到事情时，一定不要感情用事，要学会认真地分析事情所发生的社会大环境，要根据社会大背景预估自己所做的任何一个选择的利和弊。要学会将眼光拉长，放远，切不可逞一时之快，该牺牲的时候要牺牲，该放弃的时候要放弃，当断则断，当忍则忍。只有识时务者方能游刃有余地立足于大千世界，才能在这激烈的社会竞争中占得一席之地。

　　/ 见识浅短必会漏洞百出，鼠目寸光难免因小失大，而女人，作为感性动物，常会因情感而遮住双眼。因此，我们如果想要成功，首先便要开阔自己。/

10. 时局不安，战事再起

法国哲学家帕格森曾说过："不对自己人生做准备与规划的人，终将一事无成。"

盲目草率从事，临渴掘井，只会让自己在残酷的现实中惨淡地离场。所以，无论我们做任何事都要学会未雨绸缪，时刻做好准备善养天机，这样才能在激烈的社会竞争中脱颖而出。

楚国围攻韩国，韩国派使者前往秦国游说嬴稷出兵阻止楚国攻伐，嬴稷一直以来都把妻子叶阳的母国楚国当成自己的第二母国，自然拒绝出兵救魏，芈月虽然也赞同嬴稷的决定，但是并非因儿女私情，而是她心中另有谋略。

芈月对当时的战局是这样分析的，她认为秦国不出兵阻止楚国伐韩，韩国处于危机关头之时，齐国必然会出兵解其困境，然后会将矛头直指秦国，到时秦国就会危机重重。她不能让秦国陷入此等危机之中，务必要尽早地将这场危机扼杀在摇篮里。

对此，她心中早有谋划，她设计了一盘大棋，就等待时机一步一步地朝自己的目标迈进了。

公元前304年初秋，芈月和嬴稷出函谷关到楚国的黄棘签了"黄棘之盟"，秦国将之前占领的楚国上庸归还给楚国，楚怀王甚是高兴，大摆筵席招待秦国，然而，此举使齐宣王怒发冲冠，即刻发十五万大军去攻打楚国，被楚国打得苦不堪言的韩、魏两国积极响应，三国兵分三路从三个方向向楚国发起猛烈的进攻。

楚国刹那间被击得溃不成军，六座城池被夺走，楚怀王急忙向秦国求助，嬴稷接到求援，就想立马出兵，却被芈月拦住了。

芈月心中早有计划。她不急于出兵去救楚，要让他们几国再打几个回合再说。

原来，芈月联楚其实是为了弱楚，把楚国置于被齐国"追打"的位置，楚国必然会向秦国求助，到时就会给秦国输送一些好处，收了好处的秦国再趁乱去攻打韩国和魏国，不仅能把处于水火之中的楚国救出，还能扩展大秦的疆土。

时局果然按照芈月的料想发展着。

公元前304年末，楚怀王将太子熊横送到秦国做人质以表诚意，求秦国相救。芈月见时机一到，即刻兵分两路，一路伐魏，一路伐韩，见势不妙，韩、魏两国即派使者去往秦国求和，楚国的危机成功解除了，同时也大大削弱了韩、魏两国的实力。

芈月不愧是位伟大的谋略家，这场战局的结果，她一早就预料到了，因为在很早的时候，她就通过分析时局而洞察到了先机，然后做好了最优的谋略，使秦国成了最大的赢家。

只有洞悉先机，未雨绸缪早做打算，才会有备无患、临危不乱，才能有所作为。

2003年，家乡在中国台湾、出生于美国的乔婉珊到秘鲁实习，那里的贫困状况，她看着十分难受，很想帮助他们。为此，她查阅了很多资料，也思考了很久，最后给自己做了个长远的规划，定下了一个创业的目标，即创办社会企业来帮助改变落后地区的面貌。之后，乔婉珊从沃顿商学院毕业后考上了哈佛大学，与跟自己有着共同目标的、来自中国香港的同学苏芷君一起回到大陆西南地区考察，找寻创办社会企业的项目。

乔婉珊和苏芷君在云南看到了浑身都是宝的牦牛，同时还遇到了著名的探险家黄效文。黄效文告诉她们，牦牛是中国特有的一种动物，全世界1400万头牦牛中，中国西部就占了1300万头。牦牛的粗毛可以做帐篷跟绳子，细毛可以做衣服和毯子，而它的奶还可以做成酥油和奶茶，甚至它的粪便都是很重要的资源。黄效文的一番话让两个女孩看到了商机，于是她们决定办一个公司将牦牛身上的"宝贝"全部开发利用出来，以帮助当地贫困的牧民脱贫奔小康。

两个女孩在回到美国之后很快便做出了牦牛创业计划，该计划赢得了2006年哈佛大学的商业计划奖金5万美元。当年9月，两人从哈佛大学毕业后就利用这5万美金的创业资金成立了"shokay"公司。

于是两个哈佛女孩带着满腔的热情开始了在我国西部艰难的创业历程。别以为收购牦牛绒是一件简单的事，两个女孩挨家挨户上门到云南山区收购，一天奔波8小时下来有时也只能收到30公斤。由于山区的交通不便，她们便将收购点转移到了青海。但是青海的藏民抓绒的方式很传统，所以抓到的牛绒混杂了牛毛。为此，两个女孩又对牧民们进行技术培训，以便她们收购到更高品质的牦牛绒。

在收购到了一定量的牛绒之后，乔婉珊和苏芷君又忙着找生产厂家合作染色、纺纱、编织。经过一年多的努力，她们在找了四十多个厂家之后，才找到了合适的合作者，纺出了较为理想的牦牛绒纱线，制成了各种牦牛绒制品。

就这样，两个哈佛女孩一步一个脚印，从哈佛走到云南，再从云南走到青海，然后把业务扩展到全世界。

如今，她们的"shokay"公司拥有一百多家店铺，帮助许许多多贫困的牧民走向了富裕。

女人，若想活出别样的精彩，成就别样的人生，那就一定要具备善养天机、未雨绸缪的本领，要你用敏锐的眼去发现，用智慧的脑去思考分析，然后再用勤劳的双手去创造，早别人一步去计划，才能在"天机"到来之时先别人一步去行动，如此才能步步为营，才能做出骄人的成绩，才能使自己长久地立于不败之地。

时不等人，机不可失。人生在世的时间说长不长，说短也不短。我们无法延长自己的生命，也无法让时间跑得慢一些，我们能做的，只有珍惜每一寸时光，善待每一个机会，未雨绸缪做好人生规划，才不会让迷茫吞噬了自己的美丽年华。

第二章

脱胎换骨 芈月的进与退

芈月说

"这宫中的女人，
哪个不是诸国权势权衡的赌注，
谁又能左右自己的命运。"

1. 手持利剑，铺帝王路

老鹰之所以能在天空中翱翔，是因为它具备翱翔的能力；鲨鱼之所以能在海洋里徜徉，是因为它具备畅游的能力；老虎之所以能在森林里自由穿梭，是因为它具备森林之王的能力。

"世界上没有做不好的事，只有做不好的人。"人人都想成功，人人都在追求成功，机会给予每个人的，也都是平等的，但是为什么有的人会成功，有的人就失败呢？因为人的能力是决定人生成败的关键所在，能力是获得成功的前提，能力是检验成功与否的唯一标准。

这日，芈月正在殿内教嬴稷第二日登基大典上所要注意的礼仪，侍女慌慌张张地跑了进来，后面竟然跟了一群秦国的老世族宗亲。他们是受了惠文后的教唆前来找茬的。

芈月不慌不忙地朝来人行了一个见面礼，然后面带微笑道："诸位公叔公伯来之前怎么不通传一声，好让芈月和稷儿前去迎接啊？"

来者中有一人，一脸不屑地望了芈月一眼，道："芈王妃应该知道，惠文后才是大秦后宫之主吧？王上突然驾崩，其新王的人选，应该由惠文后跟文武百官商量了之后再做定夺！芈王妃手上虽然有王上的遗诏，但这无法令人信服啊！王上有个已然成年的同母弟弟嬴壮，怎么可能把王位传给尚未成年而且并非同母的嬴稷呢？谁都知道，嬴稷年幼，如若继承了大统，这大秦的江山必然会落入旁人之手，相信王上断不会如此糊涂的呀！"

芈月听罢笑道："如此说来，各位公叔公伯是认为，我手上这份遗诏是假的，而且这大秦的江山将要落入我这个一介女流之辈手中？"

另一位老世族接过芈月的话道："真真假假，恐怕只有芈王妃心里最清楚！"

"哼！"芈月收紧笑容，脸上露出一股冷气道，"明儿即是我儿嬴稷的登基大典，大局已定，由不得你们在这嚷嚷着怀疑这担心那的，为了大秦江山的稳固，各位还是不要从中作梗了，不然，哼，谁也不会有好日子过！"

"你这是在威胁我们？"一位老世族显然是被芈月的突然变脸给震到了。

芈月挥一挥衣袖，一脸正气道："我不允许任何人威胁到我大秦的稳固！"

"本来这新王该是属于王上的亲弟弟嬴壮的，却被你儿嬴稷给抢了去，你说这大秦还能不乱吗？嬴稷只有把王位让出来，大秦才不会乱！"一位世族从人群中蹿了出来，厉声朝芈月如是喝道。

芈月突然大笑起来，非常自信地说道："乱不了乱不了！有我芈氏在，他嬴壮掀不起什么风浪来！"

芈月的笑声吓坏了老世族们，他们你看看我，我看看你，似乎都在猜测，芈月为何会如此自信。

突然，一个老世族想到了什么，大声质问芈月："难不成，芈王妃你把他们都干掉了？"

芈月嘴角再次上扬，反问道："他们是何人？难不成支持嬴壮的，不管是大臣子还是老世族，我统统都要……"芈月故意把后面的话隐去了，而做了个"杀头"的动作，这下老世族们都有些慌了，再一次交头接耳起来。

虽然芈月承认她有杀人之心，但是看她那表情，听她那言语，若是谁还继续反对嬴稷登基的话，必然会引来杀身之祸。

不过，老世族们仗着自己是大秦的公室世族，依然还是不肯罢休，以为大家联合起来便能阻止芈月这个楚国女子和她的儿子嬴稷把持大秦的朝政。大家你一句我一句对芈月无礼地指责起来，芈月见状，倒是淡定，她知道恐怕是无法成功将这些老世族给劝降了，于是让侍女端来了茶具，悠然地坐下，自己先喝上一杯好茶，然后再招呼老世族们也坐下喝杯茶再好好商量。

老世族们哪里知道，芈月在跟他们周旋之时，已经派人去把芈戎找来了。

芈戎赶到之后，以"借一步说话"为由把老世族们引到一个偏僻的厢房里，不由分说地便把这群自以为是的老匹夫给干掉了。

芈月其实并不想对这些老世族动杀机的，也给过他们机会支持嬴稷登基为王，可谁知他们过于顽固，芈月只好下此重手。

成功的女人必然会有过硬的能力。芈月的能力，大家有目共睹，所以她才能成为我国历史上第一位临朝执政的奇女子，才能把持着大秦的朝政几十年。

能力，它是一种创造力，它能决定你"能做什么"。

能力，它是干事业的基础，它能决定你"能干得有多好"。

有能力的人，不管在哪里，做什么行业，都会发光发亮，闯出一番名堂来。

"亚洲歌坛天后"王菲，有着天籁般的声音，她所拥有的这些"能力"，注定了她这一生不可能是个平凡之人，注定了她会在音乐领域大有作为。

1987年，王菲高考结束之后考上了福建一所大学。正当王菲憧憬着美丽的大学生活时，远在香港的爸爸打电话来说已经为她办好了让她去香港生活的所有手续。

初到香港，她又听不懂粤语，感觉在香港居住就像是一只被困在笼子里的鸟，没了自由和方向，于是她陷入了深深的自卑之中。不过好在她拥有高挑的身材，所以在父母的鼓励下，王菲去做了模特，每天穿着华服走来走去。虽然在镁光灯下，她找到了自己光彩的一面，自卑感渐渐消除，但是她并不喜欢这样的生活，不喜欢这份工作，她觉得自己是被服装包装起来的一件物品，完全找不到自我了。

王菲有一定的音乐天赋，也一直都很喜欢唱歌，一直都想成为歌星，可是曾是煤矿文工团女高音的母亲夏桂影并不希望她走上音乐这条路，所以一直都不让她参加任何的歌唱表演，限制她在音乐上的发展。不过她并未放弃练歌，一直偷偷地练习，希望终有一天能登上舞台高歌一曲。

爸爸不忍心看到王菲的音乐天分被埋没，故托朋友介绍她去跟香港著名的音乐老师戴思聪学唱歌。

戴思聪让王菲去参加一家唱片公司举办的唱歌比赛，初次登台的王菲，虽说歌唱得不错，但是她只会唱歌，对于舞台表演什么的完全不会，所以很遗憾，她在这次比赛中并未收获到任何名次。

能力就似一只木桶，桶有多深，多宽，就表示你的能力有多少。之后，王菲开始学习舞台表演，弥补自己的不足，提高自己的能力。

后来王菲签约新艺宝唱片公司，发了三张唱片，尽管乐评人对王菲唱的歌都给出了好评，但是她还是没能红起来，或者说，王菲的歌红了，但是她的人，却鲜有人知。这对她来说是个沉重的打击。

不过，有能力的人，终有一天会绽放出光彩的。

后来戴思聪重新给王菲定位，重新对她进行包装和设计，终于，她的第四张唱片让她的歌和她这个人都在音乐界占有了一席之地。

就这样，王菲成为"一代歌后"，给我们带来了许许多多经典的歌曲，她的歌声，陪伴了一代又一代人成长。

身为女人的我们，一定要不断地努力，不断地争取，将自己的桶变大变宽。因为，女人只有具备了足够的能力，才能得到自己想要得到的。

/ 有能力者，必能成大器也。能力是一种资本，能力也是一种动力，它不仅能让你拥有成功的基础，还能推动你努力去成功。/

2. 扫清障碍，完成大业

人生是一个处处充满选择的过程。选择的基点不仅仅要考虑你能从中得到什么，得到多少，更要考虑你的选择会让你舍去什么，舍去多少，一味地想要得到而不愿舍弃，结果必然是一无所得。

因为，人生是由无数个舍与得构成的。当上帝为你打开一扇窗的时候，必然会同时关上另一扇窗。人生就是在舍去与得到之间迂回辗转。

人只有正确地认识舍与得，根据自己所需，能拥有的则拥有，不能拥有的要勇于放弃，才能让自己不至于失掉天平的两端。

芈月先是布局联楚弱楚，然后伐韩魏救楚以瓦解四国合纵之势，使得楚、韩、魏三国均对秦国敬畏有加，大秦之雄风威震大江南北。可是，芈月并不满足于此，她要辅佐嬴稷完成先王秦惠文王一统天下的千秋伟业。

赵国通过改革日渐强大了起来，势必会对秦国造成威胁，嬴稷认为下一步要先对付赵国，芈月却不这么认为。她认为赵国之前实在太弱，即便现在在大刀阔斧地进行着改革，但是以赵国的基础实力，短时间内还是无法给秦国构成威胁的，她反倒觉得，楚国是秦国的心腹大患，必须除之而后快。所以，芈月的下一步便是联合齐国、魏国和韩国伐楚。

嬴稷一时之间还无法接受自己要攻打爱妻之母国的现实，芈月故与嬴稷促膝长谈。她道，自从她入秦为妃之后，她一心侍奉秦惠文王，一意事秦，一心强秦。即使秦惠文王为了顾全大局将她推送到义渠王的怀中，她也不敢有半句怨言；即使秦惠文王为避免她跟惠文后为儿争储君之位而狠心地将其送到燕国为质，她也不敢违抗；即使秦惠文王驾崩，将王位传于惠文后之子，她也不敢有所记恨。她虽生于楚国，但身为秦王的妃子，身为嬴稷的母亲，身为大秦的皇太后，她势必要对大秦的发展负责，势必要将私人感情放置一边，一心助大秦不断壮大。

"很多时候，我们要学会衡量轻重，大秦的江山重要，还是叶阳的母国情怀重要？孰轻孰重，你自己掂量掂量。"芈月语重心长地对嬴稷说，"舍得，舍得，有舍才会有得。你都不愿去舍，怎么能得呢？身为秦王，想必你应该会知道自己该舍什么，而努力去争取得到什么。"

芈月深知"舍得"之道，也巧妙地运用在其政治生涯中。

在嬴稷登基之前，惠文后和她的党羽是最大的阻挠势力。惠文后自打她进秦宫之后就一直与芈月针锋相对，她对此完全能理解，因为她也是一个女人，哪个做妻子的，会想跟别的女子共享一个夫君？因为她也是一个母亲，哪一个做母亲的不想自己的儿子能继承大统为王啊？芈月曾站在惠文后的角度去想过，她知道惠文后如此做也是情势所逼，也是身不由己，大家都是女人，女人又何必为难女人呢？她可以选择原谅她，留她性命，但是最终芈月为了帮爱子嬴稷扫清阻挠他登基的障碍，亲手将其除掉。

芈月在给惠文后送毒酒的时候，惠文后与她推心置腹地谈了一谈，她说她从不想与芈月剑拔弩张，但是这由不得她，所以她一直都在良心和权力之间摇摆，最终，她败了，不是败给了芈月，而是败给了自己，她明知道自己的儿子是武夫，治国必然偏向于武力，这对大秦必然无益，但还是把他推向了王位，结果害死了儿子。经过权衡再三，她终于想通了，只有芈月才具有让大秦子民安居乐业的本领，所以，她在临死之前将一本依法治国的典籍——商君书交给了芈月，也把大秦的未来交给了她。

肃清了障碍不说，还得到了治国的良书，芈月这一步"舍得"的棋子走得真好！

❦

在舍中求得，在得中去舍，有的放矢，人生之路才会走得顺当，走得平坦，人才会活得平淡却不失精彩。

有一个名叫宋佳嘉的女生，她1998年高中毕业时，因获得过全国数学奥林匹克竞赛一等奖而被保送上大学。老师、同学还有家长都觉得这个机会得之不易，希望她能够珍惜。但是她却认为，不经历过高考的人生是不完整的，她要参加这场最残酷的考试去与莘莘学子们公平竞争，她要用高考分数再一次证明自己的实力。

于是，她放弃了报送名额，加入千万高考大军之中。

最后，她的"舍得"并未白费，她以677分的优异成绩被北大数学系录取，按她的话来说，她得到了更好的。

在北大就读时，她还先后获得了李政道君政研究基金奖励和北京大学董氏东方奖学金，毕业时又获得哈佛大学的奖学金去攻读硕士。26岁从哈佛大学毕业的她，顺利地留在了纽约华尔街工作，成为一名从事结构金融产品工作的金领人才。

宋佳嘉真是个不折不扣的优秀学生，初高中一直都是保送升学的。别以为她是个"书呆子""考试机器"，她不止各学科成绩优异，兴趣也十分广泛。3岁开始学钢琴，幼儿园时当过文艺演出主持人，还给电影配过音，7岁的时候就开始读《红楼梦》了……

有人说，宋佳嘉从小就那么拔尖，她是不是个天生的"神童"啊？其实，她并不是什么"神童"，她认为自己之所以一直这么优秀，完全是因为家人教养得好，她知道什么时候该做什么事，什么时候又不该做什么事，简单来说，她是个善于利用时间和将时间取舍分配之人。

她的时间其实跟同龄人的一样，不多也不少，但是正是因为她懂得"取舍"时间，该学习的时候她必然会争分夺秒地好好学习，该玩的时候她一定会尽情地去玩，有时为了能匀出更多的时间去发展自己的兴趣爱好，提高自己学习以外的其他能力，她唯有不断地提高自己的学习效率，用更短的时间去完成自己的功课。

宋佳嘉也是个精通"取舍"之道的人。

在北大和哈佛大学就读时，宋佳嘉攻读的专业都是数学。但毕业后她却决定从事结构金融产品的工作。有人认为她将很多时间都浪费在了学习数学上，但宋佳嘉却认为学习数学的那些年，她的逻辑思维能力得到了加强，这对她来说是终身受益的，她不觉得毕业之后跨行业工作是浪费之前那些年的学习时间，反而是一种新的突破。而且她放弃自己学了那么多年的专业去跨行业工作，是经过深思熟虑的，她觉得自己在结构金融行业里发展的话，会更有出息，发展前景更为可观，为了自己的大好前程，她唯有舍弃专业，积极地投身到新的行业领域里。

小不舍，如何会来大得？该舍的时候，不要不舍，得到的时候，也不要去惋惜已舍之物。人的一生当中，舍与得是贯穿始终的，舍中有得，得中有舍，舍与得无处不在，无时不有。

女人，一定要深知此道，并将其用于事业、家庭和生活之中。

/人生是由无数个舍与得构成的。当上帝为你打开一扇窗的时候，必然会同时关上另一扇窗。人只有正确地认识舍与得，根据自己所需，能拥有的则拥有，不能拥有的要勇于放弃，这样才能让自己不至于失掉天平的两端。/

3. 平定内乱，嬴稷继位

俗话说得好，一分耕耘，一分收获。

没有付出辛勤的劳动，怎么可能会有丰富的收获呢？天下间不会有免费的午餐，天上也不会平白无故地掉下一块馅饼来。

人，只有付出了艰辛，付出了汗水，付出了孜孜不倦的努力，幸福才会降临到你身上。成功才会青睐于你。

公元前307年，夺位之战，史称"季君之乱"，在芈月的铁腕集权之下彻底地结束了，嬴稷得以顺利地继位，史称秦昭襄王。

不过，在嬴稷登基的当天，嬴壮率先安排了一百名手持利剑的死士等在大殿之内，而他就坐在王位上，一旦嬴稷推门进来，便杀他个措手不及。殊不知，芈月早就料想到他会有那么一招，派她的亲信魏冉、芈戎和向寿带着五百名精兵去迎战。

魏冉、芈戎和向寿推开大殿之门进去，嬴壮见来者不是嬴稷，又惊又怒，可是还未等他发号司令让他的一百名死士去攻击魏冉等人，魏冉等人便已把大殿之门关紧，五百精兵在门关上的一刹那开始大开杀戒了，且几乎个个都是一刀致命，速度快得连惨叫声都没人发出，嬴壮根本就没反应过来，他的一百死士已命丧黄泉。

然后魏冉等人迅速处理现场，将一个个尸体从后殿抬出，换上新的地毯，让登基大典按时举行。

"新王继位大典开始！"内侍的宣布声刚一落下，礼乐之声便响起来了。

还未成年的嬴稷昂首阔步地从侧殿走进大殿，头戴王冕，身着王服，一副英姿飒爽的模样。

嬴稷的身后站着芈月，她身着端庄大气且不失沉着稳定的白色礼服，目光直视着前方，一步一步地往大殿的王位上走去。

虽然只不过近百米的距离，但是芈月却觉得自己走了很久很久……往事一幕一幕地浮过她的眼前。

想当年，她只不过是十来岁的黄毛丫头，以联姻之名嫁入大秦，在得秦惠文王宠幸之后，诞下了王子。她不曾想过有一天自己会荣登皇太后之位，但是惠文后时时紧逼，加之义渠王对她又青睐有加，时而领兵进犯大秦只为与她相依相守，后在大势所趋之下，她被逼跟义渠王有了一夜"夫妻情"，秦惠文王哪里还能接受得了这样的她，而将她连同如今已是大秦新王的嬴稷一同送往燕国做人质。后新继位的年轻王上意外驾崩，嬴疾和甘茂两位秦国的左右丞相极力拥护嬴稷为新王。获悉此等好消息之后，她带着嬴稷，攻破重重难关才回到秦国，"季君之乱"使她又不知花费了多少时间和精力去肃清阻挠嬴稷的障碍，可以说，为了嬴稷今日的登基仪式能够顺利进行，为了能让爱儿嬴稷顺利成为大秦的新王，她付出了多少艰辛和苦痛，付出了多少辛勤耕耘的汗水啊！可以说，这条登基之路，是由千万人的尸体铺就而来的！芈月对此十分地感慨，连她自己都没想到，她一个长于乡野之地、过着无忧无虑的生活的小丫头片子，今日居然跃身成为一人之下万人之上的秦国太后，这应该是她人生的最巅峰了吧？

尽管这一路走来，是如此不易，但芈月都觉得值得！这些年她所受的苦，所受的累，所承受的一切悲欢离合，在自己坐在大殿之上新王的旁边时，一切都值得了！从今往后，大秦的兴衰荣辱就靠她了！这天下的芸芸众生也靠她了！她虽然顿感肩上的担子愈加沉重起来，但是她很享受这种高高在上的感觉，也非常乐意为天下苍生谋福祉。

登基之礼在芈月的无限思绪中结束了，芈月望着大殿之下群臣俯首的情景，不禁感叹，若不是自己一直以来默默地耕耘，默默地在付出，想必也不会拥有今天至高无上的权力。

"梅花香自苦寒来，利剑锋从磨砺出"，你若想要出人头地，想要实现自己的人生目标，就断然不能不付出。

"有付出才会有收获"，芈月对天下所有的女性朋友如是说。

※※※

曾经采访过一个名叫朱晓婷的女生，她从事房地产工作将近十年了，经历了房地产业的高潮和低谷，有欢笑，也有眼泪。一路走来，一路前行，从置业顾问到销售经理，再到项目经理，她一步步地朝着自己的梦想前进。她一直都相信"天道酬勤"，一直坚信"一分耕耘，一分收获"，正是这坚定的信念使她能够在这个"风雨飘摇"的行业里沉沉浮浮了那么多年。

朱晓婷是一个标准的"80后"女生，活泼漂亮，且浑身上下总有使不完的劲儿和耗不尽的精力，所以在同龄的女孩子还赖在爸爸妈妈的怀里撒娇时，她已经迈开了职业生涯的第一步，成为房地产行业大军中的一员。

为什么她会选择房地产这个行业呢？"房地产行业是个系统工程，涉及到的环节非常多，能够让我学到很多的东西；而且这个行业关系民生，发展潜力巨大，涉及到方方面面的内容，对我来说具有很大的挑战性，所以我选择了它。"朱晓婷是2002年开始进军房地产行业的，一开始是站在销售的第一线，并且一站就是5年，从普通的销售人员做到销售主任，做到有自己的一套销售管理方法，做到无论是接待技巧、客户档案管理、现场管理，还是市场策划、危机处理等都得心应手。现在，朱晓婷在某房地产营销策划有限责任公司任职，职务是项目负责人，负责对整个项目销售推广环节进行把握，与公司销售部、市场部、策划部、设计部等对接，最终确认各项对外工作，与开发商进行沟通，落实公司项目组确定的各项政策。

自从做了项目负责人之后，朱晓婷的工作压力真的是大得不得了，要策划的项目实在是太多了，而且还大小不一，不过在晓婷眼里，这些项目完全没有大小之分，她会淡然地看待每一个项目，并为之付出百分之一百的努力。

每个项目都要经过前期准备、实施、方案调整、总结等多个环节才算完成，可是并不是每一个环节都能很顺利地完成的。每当遇到困难，总有一个强大的后盾支持着她，那就是她一直坚信的"一分耕耘，一分收获"的信念，这个信念会带给她更大的信心和勇气和去完成项目，即使做不到最好，也会努力做到更好。

房地产经过了两年的高速发展，加上全球金融危机的影响，在2008年经历了一个低潮期，2009年至今，房地产市场有了一些起色，但是当前严峻的经济环境和经济形势对房地产的发展影响很大，所以很多潜在的客户都在观望，可以说，朱晓婷和她的同行们现在面临着巨大的销售压力。为此，她和她的同事们冥思苦想做出了新的策划推广方案，如推出服务月活动，在服务上做到更加地人性化，如推出一些优惠促销活动，真正解决购房客户的实际困难，如喊出了"我们卖的不只是房子，而是家"这样温暖人心的口号等。

房地产行业发展的前景堪忧，自然会在一定程度上影响朱晓婷的职业生涯规划。尽管朱晓婷在房地产行业打拼了多个年头，但是毕竟她还年轻，该是肆意"挥霍"青春的时候，何况多年来她也算是积累了一些经验吧，也有了一点点的积蓄，完全可以在这个行业不太景气的时候停下脚步歇一歇，享受一下生活，然而，她却选择坚持在这个岗位上奋进。

"我的青春我做主，就是因为自己还太年轻，工作和生活之间要有侧重点，少壮不努力，老大徒伤悲。"晓婷说。

生活就是这样，你播下了什么，就能收获什么。如果你播下的是一种好的心态，那么你收获的必然不会是一种不良的心态；如果你播下的是一种好的思想，那么你必然不会收获消极的思想；如果你播下的是一种良好的习惯，那么收获的很可能是一生好命运；如果你播下的是辛勤的汗水，那么你将收获的是硕果累累。

生活就是一方沃土。或许今天的你，付出了艰辛的劳动，你未必会马上就看到收获，但是只要你一直坚持付出，终有一天你能收获到累累硕果。

／人，只有付出了艰辛，付出了汗水，付出了孜孜不倦的努力，幸福才会降临到你身上。成功才会青睐于你。／

4. 死而不僵，一击即中

每个人都想成为赢家，成功之人，身上必有一个共同点，那就是有胆识和魄力。

无胆识和魄力者，就算是最好的机会摆在他面前，他也会因为怯懦、因为犹豫而眼睁睁地看着它溜走。古今中外，但凡成大器者，必然胆识过人，气魄过人。

人只有拥有胆识、魄力与果敢的精神，才能够博取人生的精彩。

秦、韩、魏、楚、齐、燕、赵七国之中，原本秦、楚、齐为强者，但楚国在芈月一而再再而三的打击之下，再无力争雄争霸了，对大秦也不会再构成威胁了，赵国和燕国日渐雄起，如若它们与齐国联合攻秦的话，势必会成为大秦称霸天下的最大障碍。故嬴稷想对齐和赵下手，芈月却不赞同。

芈月深知嬴稷的进攻策略不无道理，但是芈月认为，如果秦国发兵去攻打齐国和赵国的话，韩国、楚国和魏国必然会在他们背后捅一刀，尽管如今韩国和魏国已与秦国有所盟约了，大秦可暂且不必顾虑它们会带来威胁，反倒是楚国，虽已溃不成军，但它地大物博，资源丰富，大秦只有完全将楚国给控制住，才能变得更强大。

为此，芈月需用"一击即中"这一招将楚国完全钳住。这一招谈起来容易，做起来却并非如此简单。嬴稷对此甚为担心，以期想出更好的方法掌控当时的战局，可是芈月认为，要完成大秦一统天下的伟业，就必须要有胆识有魄力，一些奇招怪招都必须敢于用上，且不去想输赢，只管按照预先设计好的谋略进攻就是了。

公元前300年，芈戎、白起率十万雄兵，按照芈月的作战计划，以救魏之名直接出兵攻打楚国的襄城，杀了襄城的两名主将，群龙无首，楚兵没有了再战之心，个个都争相逃命去了，秦军趁机一举进攻杀进城内，一时之间，血流成河，三万楚军就这样被秦兵手刃了。

一鼓作气，秦国趁大胜之机，再夺楚国的八座城池，把楚国打得落花流水。

若不是秦国的丞相嬴疾突然病故，想必秦军还会继续攻打楚国，再夺城池。

身经百战的嬴疾的离世对秦国的朝政有一定的影响，因为若不是他竭力推荐嬴稷为王，芈月母子也不会得以从燕国回秦手握重权，对芈月来说，嬴疾是她最得力的将帅之一。失去这个将帅，芈月很痛心，为稳住朝政内部，芈月调整了战略决策，让嬴稷写了封信给楚怀王，约其到武关再续盟约。

可是芈月并未真心实意地要与楚国再结盟，她假意约楚怀王会面签盟约，实则要进行一场更为惊心动魄、更为大胆的计划，那就是在武关将楚怀王扣下关进秦国的大牢，然后再挟持他令楚国割地给秦。

芈月此做法震撼了其他各国，各国君王都不敢相信，芈月她一介女流竟敢挟持楚国的君王，真是胆大包天啊！

正是芈月这种技高胆大、气魄盖人的英雄气概，使秦国在她的临朝之下，一日比一日强大，如此继续下来，想来，大秦一统天下，并非不可能。

胆，是勇敢；识，是谋略；而魄力，有着果断的意味。有胆识，有魄力，简单来说，就是要敢于想，敢于做。优柔寡断只会错失良机，遇事不决容易降低效率，谨小慎微会导致停滞不前。

❧⚜❧

世界上有很多人，他之所不成功，不是因为他不具备外在的成功条件或是内在的成功天赋，而是他缺少挑战自我的胆识以及战胜自我的魄力。一旦他拥有了，便无往不利，必能超越自我，成就自己一生的"伟业"。

威尔玛·鲁道夫，幼年时身患多种疾病，肺炎、猩红热还有脊髓灰质炎。她六岁的时候左腿行动不便，只好穿着固定腿的金属绷带。是她的哥哥姐姐们每天在照顾她，每天晚上都要帮她按摩残疾的那条腿。医生说，她的那条腿，恐怕这辈子都无法行走了，她的哥哥姐姐们也做好了一辈子照顾她的准备。但是威尔玛·鲁道夫却不这么认为。她告诉自己，一定要努力地站起来，一定要像其他人那样正常地行走！她一定不要靠金属绷带过一辈子！

为此，她每天都逼自己去治疗去训练，尽管这过程是多么地痛苦，尽管大家都劝她说不要再为难自己了，但是她说，如果我不尝试着去战胜自己，没胆量去跟不公的命运做斗争的话，那么我肯定就是个"瘸子"了，但是如果我大胆地去尝试的话，还会有希望，还会有成功的一天！

就这样，威尔玛·鲁道夫坚持了三年。终于，在她九岁那年，她终于不再需要金属护腿绷带，而且她不仅能正常走路，甚至还能跑步！之后，她又继续进行恢复治疗和训练，在十一岁的时候，她竟然可以去打篮球了！

可是，威尔玛·鲁道夫并不满足于此，她觉得自己还能活得更好，甚至不会受自己身患多种疾病的影响而成为一名优秀的运动员！想到这里，威尔玛·鲁道夫毫不犹豫地加入了田纳西州立大学田径队教练爱德·坦普尔组建的女子田径队。

威尔玛·鲁道夫很争气，十六岁的时候第一次参加1956年在澳大利亚墨尔本举行的奥运会，就在4×100米接力跑比赛中获得了铜牌。1960年的罗马奥运会上，她获得了女子100米冠军，从此以后，她声名大振，胜利不断！

威尔玛·鲁道夫是一个超级有胆识，也超级有魄力的女强人。

如果我们总是像企鹅那样静静地站在海边，翘首企盼机会的来临，而不像苍鹰那样，不停地在空中盘旋而击破长空行千里；如果我们总是站在崎岖不平杂草丛生的道路旁，暗自感叹而不披荆斩棘大胆地迈步向前探索；如果我们总是站在一扇未知的大门前，妄加揣摩，不敢敲击甚至撞开而被怯懦牢牢地"控制"住的话，我们就永远只能在原地踏步。

荀子曰："不登高山，不知天之高也；不临深谷，不知地之厚也；不闻先王之遗言，不知学问之大也。"

不管是在什么情况下，我们女人都不要怯懦，不要气馁，要大胆、勇敢、坚定、迅速地向前迈进，争做一个生活的强者。

／人只有大胆地去尝试，果断地去行动，才能及时抓住机遇走向成功，才能让无限的精彩来点缀自己闪亮的人生。／

5. 割地求和，以保大秦

凡事要量力而为，别勉强自己去做眼下自己未必能够做到的事。只要尽力就好，必要时要学会停止，学会放弃。

函谷关一战，魏兵挟持秦国的王妃叶阳，逼秦昭襄王割让函谷关，函谷关对秦国来说是险要之地，至关重要，叶阳愿以一死保住这片疆土，秦昭襄王无奈之下，只好亲自给弓箭上弦将自己的爱妻送上黄泉之路。

可是，叶阳虽死，函谷关却未必保得住。秦国是把魏军给击退了，但是韩军、齐军还在函谷关外蓄势待发。然而，正当秦昭襄王抱着亡妻悼念时，芈月收到线报称齐军已然撤军离开了函谷关。

这下危急了！以芈月对齐国带兵将领匡章的了解，他好战好强，怎么可能无故撤兵呢？必然是有什么阴谋。芈月看着沙盘分析，函谷关这一代都是崇山峻岭，他断不会领兵躲进山里的，那么多兵，怎么躲也躲不了。难道，他领兵从函谷关一路下移？

想到这里，芈月脸一沉。联想到了当年秦惠文王派司马错去伐巴蜀之事。当时秦惠文王为什么一定要取巴蜀呢？一来是想要取鱼米之地巴蜀为大秦所用，二来可从巴蜀直入楚国，取了此地，必然会对楚国起到震慑作用。秦惠文王在平定了巴蜀之后出兵楚国，取其地六百里，还把汉中给攻打下来了，从此蜀汉相通，为秦国打通了染指中原之路。照当时的情势看，匡章有可能去了汉中！

若是秦国失掉了汉中，必然会连巴蜀这个依靠也失去，匡章想趁着秦国的精兵正在驻守函谷关之时去往汉中，让秦兵分身不暇，这一招实在是太高了！

芈月只好派魏冉和芈戎立马去汉中驻守，留向寿在函谷关把守。

函谷关的大部分兵力被调往了汉中，所剩不足十万驻守函谷关。

匡章真是只老狐狸，他派往汉中的齐军并非主力，那只不过是他布下的一个疑阵而已，他齐国的精锐部队实则暗藏在函谷关的山上，找准时机冲下山与韩国和齐国大军汇合，五十万的大军对阵十万大军，秦国自然抵不过，函谷关为此被匡章攻克了！这对秦国来说，简直是毁灭性的打击。何况匡章还一鼓作气，继续攻打，一直打到盐氏才肯停歇休整。

强大的秦国一旦出现一个蚁穴，就很有可能决堤。对秦国恨之入骨的楚国，正对大秦虎视眈眈，随时都有可能攻打进来。

大秦正处在生死存亡之际，芈月面前只有两条路可选：一是迎战，一旦失败，整个大秦将被瓦解；二是求和，以保全大秦。

即便是秦昭襄王和众大臣都反对，芈月还是坚持：割地求和。

公元前296年，芈月把河外之地分别割让给韩魏两国，将从韩魏夺来之地归还给它们，另外，还了齐国大量的现金财物，这才保住了大秦，暂时解除了秦国这次有可能遭遇亡国的重大危机。

⚜

人，不可能永远都是"常胜将军"，漫长的一生中总会遇到一些过不了的坎，如自己的实力无法助自己过此关，那就先不要勉强自己跨过去，往后退一步，保存实力，休养生息，以便将来能够蓄势待发。

朋友薛冰的父母都是精明的财务工作者，他们自然希望薛冰能够继承他们的"优良基因"也加入这个行业，薛冰也没辜负他们的希望，在他们潜移默化的教育和影响中，在填报高考志愿时毫不犹豫地就选了财务专业。

原本以为自己会喜欢这个专业，也会勤勤恳恳地去学，但是才上几天课，才接触财务知识没几天，薛冰就发现，根本就无法静下心去学习，课堂上完全不在状态。第一个学期她还能强迫自己好好学，用心地去学，期末考试的时候也确实考出了好成绩，可是第二个学期还没开学，薛冰心里就打退堂鼓了，她不想再继续学下去了，她想要另选专业。

薛冰跟父母讲了自己心里的想法，但是她的父母却说，坚持就是胜利，只要坚持学下去，一定会有所成！最后，在父母的鼓励和引导下，薛冰最终还是坚持完成了学业。

可是临近毕业的时候，问题又来了！薛冰是选择跟自己专业相吻合的工作岗位呢还是跨专业的工作岗位呢？当时薛冰很迷茫。说实话，大学四年的财务专业学习对薛冰来说就是一种折磨，什么统计学、概率论、审计学、会计学，她看着就头晕，要不是父母一直在她耳边嘀咕"要坚持，要努力，要加油，你能行的"，薛冰一定坚持不下去。

虽然熬过了四年大学生活，可是未来还有漫长的几十年，难道薛冰要继续在会计学、审计学、统计学领域中"煎熬"吗？她的这一辈子就一定要跟"财务"紧密地联系在一起吗？看着同学们一个个地往财务工作岗位上"投奔"，加上父母语重心长的劝说，薛冰认真地想了想，觉得父母说得也没错，如果毕业后不做与专业有关的工作岂不是白白浪费了四年的大学时光？于是，薛冰再一次选择不辜负父母的期望，加入了财务人员的大军之中，成为父母的"接班人"。

然而，做着一份自己不喜欢的工作，薛冰很不开心，也很纠结。她知道，如果自己继续这样逼着自己在这个岗位上工作下去的话，她唯有做一天和尚撞一天钟，完全没想过要在这个行业里、在这个岗位上做出点什么成绩来，以实现自己的人生价值。

但是如果换了一个自己喜欢的工作的话，她觉得她一定会发奋图强，一定会在新的岗位上有所作为的。

为了自己的长远发展，薛冰权衡再三，最终做出了一个大胆的决定：放弃现有的工作岗位，另谋出路。

薛冰从小就有写作特长，到大学毕业时，发表了几十万字的作品，还出版了几本小说。她一直以来都很想去做与文字有关的工作，于是，她在未跟父母商量的情况下辞了职，凭着自己的文学特长应聘到了一家报社做记者，她终于脱离了一直不喜欢的财务工作，做了自己喜欢的工作。

现在回想起自己那些年的经历，回想起自己那些年所走的弯路，薛冰只想说一句：该放弃的时候一定不要犹豫，勉强是不会成功的，也不会幸福的。

很多时候，我们只有放弃了不适合自己的，才有可能得到更好的，更适合自己的。

/ 凡事都要量力而行。选择放弃，那并不是懦者所为，不是懦弱的表现，也不是失风骨的做法，相反地，以长远的目光来看，有时选择放弃是为了将来更好地得到和拥有。/

6. 重整旗鼓，再现雄风

不管是在生活中还是在工作中，我们必然会遇到这样或那样的问题，必然会遭受到失败。面对失败，有的人会找各种各样的借口逃避问题、逃避责任，而有的人会积极地想办法解决，想办法化失败为成功。这两种人的做法造成了两种不同的后果，前者会跌入失败的深渊永无出头之日，而后者则很快便会成为真正的强者，真正的成功者。

一个总是在为失败找借口、不肯为成功找方法的人，他的一生必然不会有所成。所以，我们与其把时间浪费在为自己的失败辩解上，不如将这些时间用于寻找成功的方法。芈月心里比谁都更清楚此道理。

为保大秦江山稳固，在函谷关被匡章攻下之后，芈月不得不向各国割地求和，那是她这一生所遭遇到的最大的失败。她曾经因为此次失败，茶不思饭不想，不断地在想自己为何会被匡章钻了空子将她大秦的要塞之地函谷关给拿下，她的亲信为此也帮她找了很多很多的理由，以减轻她对此次失败的"耿耿于怀"。

芈月可是一个有手段善谋略的奇女子，一次失败怎么能将她的雄心壮志给击溃呢？那些失败的理由，在她看来，都不足为道。经过一段时间的调整之后，她告诉自己，多想无益，她的目标是统一千秋大业，是万里疆土的统治大权，她不能把时间浪费在为过去的过失找理由找借口上，她得把自己的时间和精力放在为将来的一统天下找方法上。

在得知韩襄王和魏襄王相继去世的消息之后，芈月觉得再战的时机或许就要来了。

于是，她召集众臣商讨伐魏、韩两国事宜。有大臣认为，为表示大秦实力雄厚，可兵分两路讨伐韩国和魏国。但是魏冉却认为，此战非同小可，不宜将战场拉得过大，同时对付两国的话，恐怕很难有必胜的把握。芈月认为，大秦函谷关之战后元气大伤，这一战，只许胜不许败。她比较赞同魏冉的建议。

可是，是攻打韩国还是攻打魏国呢？这让芈月和众大臣陷入了深深的思索当中。

魏冉建议避开魏国攻打韩国。原因在于，魏襄王过世之后其子继位，他身边有个信陵君魏无忌，此人颇有才干，这时若去攻打魏国，恐怕会有阻滞。

芈月深思了片刻道："这一战的成败，关乎我大秦之国运，务必要准备妥当才出发，不可打无把握之仗。"

后在芈月和众将领的谋划之下，大秦设计了一条攻打韩国的战略决策，大秦将以迅雷不及掩耳之势突袭韩国，不过，对于此作战计划，芈月还是有些担忧。故在出征当天，她叮嘱秦昭襄王，此战务必要注意两点，一是大秦突袭韩国的兵力较少，又是长途奔波而去，要想突袭成功，需要苦下一些功夫，尤其是士气，函谷关一战，秦兵士气下降，此番出征，一定要提高将领的士气；二是此战谁胜谁负言时尚早，真可谓是背水一战，得给秦军留条后路。

芈月让秦昭襄王做好两手准备，留一部分兵力在蓝田相守，倘若前方攻打韩国的大军败了，还能靠这留守的兵力来个以少胜多。

向寿和白起带着大军如期出发去伐韩了，韩兵因之前大胜秦兵，根本就不惧怕秦军来犯，反而嘲笑败军之兵竟然还敢来自讨没趣。秦军的兵力本身就少，故攻打得十分艰难。

开弓没有回头箭，秦昭襄王接到前线来报，得知秦军连续作战一个月都未能拿下韩国的新城，在征求了芈月的意见之后，下了一道紧急军令：十日内拿不下新城，向寿和白起提头来见。

这道军令激起了前方所有将士的高昂斗志，一举夺下了新城，之后又一鼓作气由南向北，攻下韩国的三座城池，韩国一下慌了神，急忙向魏国求助。

大秦的雄风和威严，在新城之战取得全面胜利时得以再树，芈月也从此战中找到了新的作战方法，那就是要有一位能独当一面的将领，而芈月心中，也有了很好的人选，此人即是白起。

月有阴晴圆缺，我们不能一味地沉沦在一时失败的痛苦之中，不能将自己的大好时光浪费在低头哀叹已然过去且无法挽回的遗憾之中，我们要抬起头来，目视前方，为自己美好的未来筹谋打算。

❧⚜❧

前段时间去看望了一位名叫廖燕的好姐妹，她任教于广西南宁市第42中学，原本有一个幸福的家，有一个疼爱自己的丈夫和孩子，可是2008年因病双目失明后，她的人生发生了翻天覆地的变化。

丈夫因为不想负担一个失明人士的下半辈子而离开了她，她也因看不见行动不太方便而不得不跟三尺讲台说"再见"。没有了爱人的支持，也没有了工作的寄托，她简直像是从天堂掉到了地狱里，人生完全失去了色彩，失去了意义，她觉得自己活得好失败啊，曾有一段时间心情十分低落。

在妈妈的贴心照顾下，在孩子的用心鼓励下，在来自各方人士的关爱和支持下，她才不再沉沦于过去。她告诉自己，昨天的失败是昨天的事，今天的我是个全新的我，我得为自己的未来重新规划，不让自己在黑暗之中浑浑噩噩地度过。

为此，她每一天都在思索失明后的自己到底要做些什么才能走出"残而不废"这样的困局，才能有一个光明的未来。

突然有一天，她想起了自己未失明之前曾看到过的一个电视综艺节目，有一位盲人站在舞台上歌唱，而他身后的背景则是一个大大的电脑屏幕投影，鼠标指到哪里，哪里就能发出声音。于是她就想啊，一定有一种电脑或是软件是专门为盲人设计使用的！如果能找到这种电脑或软件，那么她就可以利用电脑做很多很多的事，比如说，写作。

自幼就爱写作的她，之前工作忙，偶尔会利用业余时间写写，但是并未将此作为"事业"来经营。失明之后的她不再忙碌，于是她对自己说，虽然老天爷夺走了我看精彩世界的权利，却没有夺取我写作的能力，我要继续自己的文学梦，且要将这个梦好好地经营下去，让其绽放出光彩！

所以，她务必要找到那样的电脑和软件。于是，她拨通了"114"查号台查找各级残联的号码，希望他们能给她提供一些电脑或是软件的信息。在不知道打了多少个电话之后，终于得到了广西壮族自治区残疾人就业指导中心的孟毅副主任的指导和帮助，她的表弟帮她组装了一台安装有一个供视力障碍者使用的读屏软件的电脑，孟主任还带着残联的电脑老师登门为廖燕安装了几个适合盲人使用的软件，帮她申请了QQ号和邮箱，让她可以通过电脑零距离地跟外界进行亲密接触。

这台电脑带给了廖燕"光明"，带给了她"希望"，使她在黑暗中找寻到了新的人生出路。

之后，廖燕在熟练地掌握了读屏软件的操作之后，就开始继续她的写作事业。

生命之中遭遇了大不幸的廖燕，在文学创作的道路上，却是幸运的，她不仅得到了河北盲人作家李东辉老师的写作指导，在给《红豆》杂志社投稿时，还得到了时任副主编的丘晓兰老师的赏识，在这两位良师益友的指导和鼓励下，廖燕的写作水平不断地得到提高，几年来在报刊上发表了不少文章，并成为南宁市作家协会会员。

"我的眼睛虽然再也看不到灿烂的阳光，但我的世界依旧阳光灿烂！虽然我失去了视力，但是我感谢上天依然让我拥有那么多。"廖燕经历过生死考验之后，在眼前的世界从此变得一片漆黑之后，她无法再站在三尺讲台教书育人了，她没有因这所谓的"失败"而对生命失去信心，对生活失去勇气，反而是努力地去寻找另一条出路，让自己在盲人的世界里也过得精彩，活得充实快乐。

失败的借口千千万万，成功的方法也是千千万万，我们若是把有限的生命时光用在为自己的失败找各种理由之上，那只会让自己的生命变得苍白无力，让自己与成功无缘相见。

／失败是过去式，成功是未来式，所以，我们务必要把更多的时间和精力投放在为未来的成功做准备上。／

7. 孩儿惨死，悲痛欲绝

每个人的心中或多或少都会有些伤痛，而这些伤痛给我们带来的，除了痛苦还是痛苦。

很多时候，为了让自己的心灵不再受这些痛苦折磨，我们会尝试去忘记，可是越是想要忘记，就越难忘记，反而会让自己记得更深，会让自己的心更痛。既然那些伤痛已然是我们心中永远也无法抹去的伤痛，那么，我们能做的，不是努力去忘记，而是要学会放下。

放下心灵的重负，脚下的步子才会变得轻盈起来，未来的人生路，才会越走越轻松，越走越顺畅。

函谷关之战后，秦国割地求和，秦昭襄王日日夜夜都想着一雪前耻，但是芈月总是告知他，时机未到不可轻举妄动。

一日，秦昭襄王借酒消愁之后找芈月商讨复仇之计，义渠王默默地站在门外，望着一脸愁容的芈月，真不想进去打扰她，更不想去伤害她，但是，如果此时他不告诉她实情的话，一旦某一天芈月知道了，必然会恨他一辈子的。

芈月和秦昭襄王谈论了一阵子，秦昭襄王借着酒意说要去攻打韩魏两国以报仇雪恨，芈月狠狠地教训了他之后，他一脸不悦，跟跟跄跄地走了。

芈月呆坐在原处，心想，自己是不是真的老了？割了河外之地那么久，她一直压制着秦昭襄王不让他有所行动去报仇，时机是真的还没到呢，还是她自己受到上次函谷关一役失败的打击，一直不敢再涉战场？她一直都在谋划着防这个国家防那个国家的，她是不是因此背上了很重的心理包袱，以致阻碍了秦国的发展呢？

正当芈月的思绪愁乱不已时，义渠王硬着头皮低着头走了进去。

义渠王在大秦后宫向来是畅行无阻的，每一次他来秦宫都是意气风发的，可是今日，他却这副模样，芈月觉得好生奇怪。

"怎么了，这是？"芈月问义渠王，"难不成是义渠王看上了一个年轻胜我、美貌胜我的女子？"

义渠王哪里有心思跟芈月开玩笑，只见他"扑通"一生跪倒在芈月跟前，大声地哀怨道："我罪该万死！我罪该万死！我不配做义渠的王！"

芈月被义渠王的举动给震到了，她心中隐隐不安起来："怎么了，到底发生了什么事？"

义渠王被芈月这么一问，大声哽咽起来，一句话也说不出。

芈月被义渠王的哭声给惊到了！她从未见过这个草原的汉子流过一滴泪，从未见过他有如此脆弱的时候。

天下间，恐怕也只有她跟义渠王的两个孩儿的事能让义渠王哭得如此的不堪吧？难不成……芈月被自己大胆的想法给吓坏了！

"你倒是快说啊，是不是我们的孩儿出了什么事？快说啊！"芈月弯下腰去，一把拽起义渠王的衣服，嘶吼道。

义渠王双手重重地捶向地上，一字一顿地说："孩子没了！"

"什么？"芈月脸色一黑，脑子里一片空白，"没了？孩子没了？孩子怎么了？"

义渠王无助地抬起头，满眼泪痕地望着芈月，轻声说道："我们的孩子，在义渠的那场瘟疫中，走了！"

"走了"两个字如一把锋利的长剑直直地刺进芈月的心脏，她突然觉得眼前一黑，就什么都不知道了。

待芈月昏睡了几个时辰后醒来，看到义渠王跪在她的床边，她便想起了她那去了的两个孩子，发疯似的冲义渠王咆哮着："你滚！你给我滚！从此以后我们恩断义绝，我再也不要看到你，你给我滚！"

义渠王伸手想要去抱紧芈月，但是芈月起身甩手给了他几个响亮的耳光，同时伴随着一声怒吼："滚！"

义渠王只好无奈地离开了。

儿是娘身上掉下的肉啊！她与义渠王相好的这些年，生了两个孩儿，因不是秦国的子嗣，故不能留在秦宫里抚养，芈月只好一出生便让他们随义渠王回义渠生活，以为他们在草原上可以无忧无虑地生活，可没想到，一场瘟疫就把他们的生命夺去了！芈月痛心不已，很长一段时间都沉浸在失子之痛中。

处于乱世之中，加上又是大秦的太后，芈月自知自己没有太多的时间用在疗伤上，大秦的千秋大业需要她来谋划，秦昭襄王的成长需要她来督促和推动。于是，她告诫自己，要学会放下，放下心中的重负，放下对一双孩儿的惦念，放下对义渠王的恨。她只有把所有压在她心口上的东西都放下来了，她才能够轻装上阵，为大秦百姓谋福祉。

谁没有伤痛的过去？谁没有无法言说的心伤？只不过，有的人会想不开，一味地沉浸在这种苦痛之中无法自拔，但是有的人会选择放下，将这种伤隐藏在心底的最深处，然后昂起头来向前看。前者，很可能会走上决绝之路，但后者，必然会拥有新的快乐的人生。

前段时间去听了一个朋友的讲座，同时也参观了她的画展，她的笔名叫宋女，原名叫李坚。她做过很多职业，当过教师，当过记者，还做过编辑。她很好学，似乎几十年来一直都在求学，她在广西大学中文系就读过，在武汉大学中文系也学习过，还到过鲁迅文学院学习文学专业和影视专业，2013年到北京大学艺术学院中国画高级研修班深造，2014年在清华大学美术学院美术理论研究与书画创作高级研修班深造。

她是一个很有才华的女子。她最初的爱好是写作，也确实在写作道路上获得了一些成就。出版有长篇小说《红颜绿梦》、诗集《千古一梦》、长篇传记《永远的教授》等多部作品，另还发表了散文、杂文、报告文学，中短篇小说近六十万字，是中国作家协会广西分会的会员，成为广西文学院专业作家及南宁市第三届签约作家。

后来她发现自己似乎很喜欢画画，她能从画面上感受到一种近似"原始"的真，一种灵魂对自然的回归，一种心灵与心灵的碰撞与思索，所以，她开始投身于绘画界，开始努力学习绘画，经过多年的努力，终获得了"画家"的头衔，成了一个既是作家又是画家的艺术家。

一个如此有才的女子，她的命运却很坎坷。儿子很小的时候她便离婚了，独自一人带着孩子生活。儿子渐渐长大，几近成年的时候，她以为自己的好日子要来了，可谁知，儿子得了严重的抑郁症。

为了治好儿子的病，她花掉了毕生的积蓄，将家里能卖的东西几乎都卖掉了，后来幸得一些好友的慷慨解囊相助，她儿子的病情才渐渐稳定。她以为她生命的春天即将来临，殊不知，更大的痛苦就在不远处等着她。

2015年6月底，她将在南宁市图书馆举办一场个人讲座以及画展，对她这些年在写作和绘画上所取得的一些成绩进行一个总结。

正当她的画展准备得差不多妥当时，她的儿子，在严重的抑郁症的驱使下，竟然跳楼自杀了！在五十多岁这个敏感的年龄段失去爱儿的她，痛不欲生。那时，距离她的画展不到半个月的时间了。

我们都以为她会因为失子之痛而无法如期举行讲座，但是她却说："一切照常，我能行！"

宋女的讲座如期举行了，她一身红衣出现在了舞台上，她慷慨激昂地讲述了自己从一个作家梦转变为追求一个画家梦的历程，她说，50岁生日那天，我决定给自己画一幅属于自己未来的人生地图。我对自己说，50岁以后的未来人生，才是我实现梦想的最佳黄金期。

　　失去爱子，对她来说，确实是个致命的打击，但是逝者已去，她未来还有很长的路要走，她去了天堂的儿子也不希望看到她一直生活在痛苦的深渊之中。所以，她努力地放下了，放下了那份深深的伤痛，继续去追逐自己的梦想。

　　爱恨情仇，能放下的就放下吧。

　　痛苦伤悲，能放下的也放下吧。

　　/ 我们只有放下心灵的重负，才能把自己从伤痛中解救出来，才能让自己轻松地走完今后的人生路，才能让自己有更多的时间和精力去实现自己的人生价值。**/**

8. 六国不灭，阻止称帝

今天的你可能默默无闻，但是明天的你未必还是平庸的。因为学习是一个积累的过程，生活也是一个积累的过程，就连成功也是一个积累的过程。天下间没有谁随随便便就能成功的。

大秦重用猛将白起之后，一雪前耻不止，还重振了大秦昔日的雄风，当时已然35岁的秦昭襄王，以为自己可以独当一面了，不再想受到母后芈月的控制，不再满足于只做大秦的王，他有了称霸天下的野心，他想称帝。

芈月虽然也一直想大秦能够称霸天下，秦国当时也确实在列国当中属较为强大的，若是称帝，也未尝不可，但是芈月还是觉得时机不成熟，毕竟其他六国还在，此时称帝确实有些操之过急。

所以，当芈月得知秦昭襄王具有要称帝的意图时，她自然是反对的，但是秦昭襄王对芈月的反对不以为意，芈月耐心地跟他分析当时的时局，虽然燕、赵、魏、韩等国无法跟秦国抗衡，但是齐国依然是一大强国，完全有能力与秦国分庭抗礼，只要一天不将齐国给打败，要称帝，都为时尚早。倘若秦昭襄王一意孤行非要在此时称帝的话，必然会遭到其他几国联合攻打，到时便会使大秦陷入危机之中。

秦昭襄王听罢芈月的话，觉得有些道理，但对芈月总是把持着朝政不免心中有气，故问芈月，何时才能称帝。芈月对此问题，只说了一句："六国不灭，绝难称帝！"

灭六国谈何容易？真不知道要等到何年何月才灭得了。故秦昭襄王还是执意想要称帝。

不过芈月的提醒，他还是听在了心里，权衡再三之后，他依然决定称帝，只不过他邀请齐王一起称帝，以平摊被其他各国合纵的风险。齐王表面上答应了一同称帝，实则心中另有谋略。

秦王称帝的诏书一传开，便引起了天下震动。虽然列国都极为不满秦昭襄王称帝，但是表面上还是前去道贺，阿谀奉承。

就在秦王称帝当日，芈月收到消息，齐国联合其他五国伐秦了！而且，义渠王也来凑热闹，义渠加不加入伐秦的大军之中，就全凭芈月的选择了。自从芈月跟义渠王的孩子离世之后，芈月断了跟义渠王的来往，义渠王对芈月思念有加，想要跟她复合，便以此来要挟芈月。

尽管芈月后来为破多国联合伐秦之大军，用了一些非常手段，如亲手结束了义渠王的生命，但最终受形势所迫，芈月对秦昭襄王施加压力，让其撤销帝号。

秦昭襄王依芈月之言撤销了帝号之后，分别与楚国、燕国结盟修好，还把之前强占的韩、魏两国的城池归还给它们，这才解除了五国联合伐秦的危机。

称帝又撤销帝号的这段经历，让秦昭襄王瞬间成熟稳重起来，他不得不承认，芈月比他更了解时局，对时局的分析和估算比他更透彻。

这日，母子俩又坐在一起讨论时局，秦昭襄王对母亲表示出了无限的敬意。

芈月语重心长地对秦昭襄王说："厚积薄发方能一鸣惊人。我们现在要做的，就是不断地积蓄力量，不断地壮大我大秦的实力，待有一天我们的实力真的大到可以消灭六国了再强势出击，届时必然会大获全胜得以一统天下。"

❧☙

人，唯有厚积薄发，在积蓄了一定的力量之后，才能像流星一样，瞬间划破长空闪耀出万丈光芒，照亮自己的星途，照亮自己的人生。

朋友的侄女，一个叫韦晓俊的女孩子，从小就想做模特。确实，她具备做模特的先天天资，不仅面容姣好，而且十七八岁的时候身高就长到了175厘米，这让她更坚定了将来要入模特这一行的信念。

　　然而，她的家里人对她的这个"梦想"持反对意见，他们觉得模特这一行"吃青春饭"，不稳定，加上媒体的渲染，将"娱乐圈"形容成"大染缸"，所以他们一直在劝说晓俊，希望她能入一个"具有长远之计"且单纯一些的行业。可是晓俊却坚持要圆自己的模特梦，一直偷偷地利用业余时间去为自己创造良好的后天条件——练形体。

　　晓俊是一个非常活泼开朗的女孩子，兴趣爱好广泛，从小就广泛地学习各类艺术，唱歌跳舞画画样样都很拔尖，真可谓是一个多才多艺啊。不过她最"专"的应该是国画。因为喜欢小学的一位和蔼可亲的美术老师，所以去学了国画，谁知道越学越有兴趣，越学越来劲儿，就这样，学画国画占据了她大量的课余时间。每逢节假日，她必然是在画室里度过。她的童年时光，就这么紧紧地跟国画跟练形体连系在了一起。

　　一个喜欢画画的女孩子却又想去做模特，两者之间会有些什么联系呢？2008年柳州F1赛艇宝贝选拔赛上，晓俊会画国画的特长就给她的"模特梦"增添了一笔十分浓重的色彩。

　　当时参加柳州F1赛艇宝贝选拔赛的各位佳丽，个个都有着魔鬼般的身材和天使般的面孔，晓俊身处其中，说实话，真的不是最出彩的一个。但是在比赛现场，晓俊现场画了张国画，充分将自己的内在才艺和气质给展示了出来，赢得了众评委的一致好评。

　　"强手太多了，就像是千军万马过独木桥似的，不过我相信机会总是会降临在有准备的人身上的。"晓俊赛后接受记者采访时说道，"多年来我一直利用课余时间打基础，做准备，不仅学国画，练形体，学校举办艺术节我也都会上台去展示自我和锻炼自我，这些都为我能够成为'赛艇宝贝'中的一员做了大量的储备工作。"

　　一点一滴的积累，一点一滴的储备，待时机成熟之后全部爆发出来，如此才能收到"一鸣惊人"的效果。

　　所以，我们要踏踏实实地做好每一件事，慢慢地去积累，不要着急，要耐得住性子，等到自己积蓄了无限的"潜能"之后，相信必能厚积薄发一击即中。

/ 人生是一个日积月累、厚积薄发的过程，不能操之过急，更不能急于求成，要有"十年磨一剑"的坚持精神，只有认真细致地做好每一件大事小事，不断地积累，不断地升华，某一天的你才能够一鸣惊人。/

9. 恩威并施，强国之策

人的一生当中，除了亲人以外，还会遇到很多很多的人。在这些人当中，绝大多数都可能只是你生命中的匆匆过客，但是也必然会有些人，能教会你一些人生的道理，能带给你一些成功的机会，有的甚至还跟你共渡难关，他们，其实就是你的良师或是益友。

一个人最可悲的，不是没有巨额的财产，没有满意的工作，而是没有有益的朋友。

有益的朋友，会在你痛苦、伤心、郁闷的时候，做你的倾听者；在你愤怒、压抑的时候，做你的发泄对象；待你清醒、冷静了之后，跟你分析利弊，分析现状，和你一起找出解决的方法，就算是帮不了你，也会在精神上支持你和鼓励你。

天下七国，各有各的长处，有的地势险要难攻易守，有的君王励精图治强国强兵，有的大臣胸怀大计无往不胜，有的将领霸气十足战无不胜，其当属秦国最为强大，其次是齐国，其他各国平分秋色。任何一国想要单独作战独立称王称霸，都不太可能，唯有合纵、结盟共同对付他国，才有胜算的可能。

芈月和秦昭襄王在位时期，不停地跟楚国联盟，不停地向其他各国示好，以结交友谊的盟国对付"外敌"。

公元前287年，秦昭襄王因时局动荡不稳致帝位不稳而撤销了帝号，但这并未削弱秦昭襄王要一统天下称帝的雄心。母后芈月一早就提醒过他，六国不灭，称帝是不现实的。

据芈月分析，除了齐国之外的其他几国，要想将它们灭掉，不是没可能，但是要灭掉齐国，那就难上加难了，故秦国在很长一段时间里一直都在研究攻打齐国的战略。

秦国再强，也敌不过五国联军的攻打，同理，齐国再强也不会强得过几国的合力。故秦国的名将蒙骜提出一个良策——恩威并施，当时秦国正在伐韩魏两国，蒙骜建议将它们打到求和为止，然后接受它们的求和条件，大秦也大方一些，将夺来的城池还予它们，使它们在感激大秦的同时与大秦结下盟约，之后大秦再与楚国、燕国和赵国联盟，结下深厚的友谊共同抵御外敌，如此一来，齐国便被孤立，到时再出兵攻打齐国，胜利的把握就很大了。

齐国当时就像是一头饿晕了的狼，四处觅食，对宋国更是"情有独钟"，频频出兵攻打宋国。这时，秦国充分表示出了对韩、魏、楚几国的深厚友谊，公然站出来反对齐国伐宋，摆明了要护韩、魏、楚三国，届时，韩、魏、楚对秦国的感激之情更为深了，有大秦在它们身后撑腰，它们底气足了起来，誓要跟齐国决战到底。

齐王的野心绝不在秦昭襄王之下，后在赵国的支持下，成功攻入宋都，逼走了宋献王，这个时候，不仅齐国上下举国欢庆，就连秦昭襄王也兴奋之极，因为齐国独吞了宋国这块肥肉，成功激起了其他几国的仇恨之心，它本身也体力耗尽，秦国是时候联合其他各国对齐国下手了。

公元前285年，芈月暗中联络大秦的益友燕国，让其派兵伐齐，正当齐国与燕国打得不可开交，兵力受损之时，秦国联合赵、魏、韩等国联合出兵伐齐，强大的齐国毁于一旦，大秦可谓是独占鳌头，成为当时最强大的国家。

❦

有益的朋友，犹如鲜艳欲滴的鲜花，总是能带给你幽幽绵长的芳香；有益的朋友，犹如明媚灿烂的阳光，总是能带给你温温的暖意；有益的朋友，犹如奔流不息的江河水，总是能带给你源源不断的力量；有益的朋友，能够帮助你成才，更能帮助你成功。

黄芳和丁兰就读于同一所大学同一个年级，但是不同专业不同宿舍，因有共同的摄影爱好而参加了学院摄影协会举办的一次采风活动而相识，两人越聊越有话聊，越聊越觉得对方是自己多年来一直在寻找的知己，故因此成为无话不谈的好朋友。

黄芳和丁兰两个人的家境不太好，几乎每天都要利用课余时间去校外做兼职赚学费和生活费。丁兰觉得两人这样下去不行，一点一点地积累"学费"实在是太辛苦了，而且她们去打工的地方距离学校又远，每天这样跑来跑去，根本就挤不出一点时间来学习，再这样下去的话，两人都可能会挂科，最终将难以顺利毕业。

于是丁兰就琢磨啊，与其去给别人打工，不如自己创业。丁兰学的是服装设计，所以她想在学校的创业园里租个小门面出售自己设计制作的服装。想到这，她便将自己辛辛苦苦打工积攒下来的欲交下一学年学费的钱全部用来租店面、买工具、买布料准备开服装店。在新店开张之后，她还很讲义气地请了黄芳做她的助理，即使黄芳学的是土木工程，对服装设计一点儿也不开窍。

黄芳就这样在丁兰的店里帮她打杂，不仅每个月有固定的收入维持生活和交学费，丁兰哪个月多赚了一点还会给她分红，让她能够有点余钱购置一些生活用品，有时，丁兰还直接用顾客剩下的边角布料给黄芳做衣服，可以说，丁兰就是黄芳的"衣食父母"，姐妹俩就靠着这个服装店度过了几年的大学时光。

临近毕业之时，黄芳顺利地找到了一个好的接收单位，丁兰也在校门口找了个门面继续她的服装设计事业。

刚毕业那几年，黄芳为了在新单位站稳脚跟，每天都忙得像狗一样，而丁兰也因为要招揽更多的生意而无暇跟黄芳联系，两人就这样失去了联络。

丁兰的生意逐渐上了轨道，不仅拥有了自己的服装品牌，分店还开了一家又一家。这时，她从校友那得知黄芳辞职失业在家的消息，她立刻找上门去，再一次诚意地邀请她来自己的服装店工作。

黄芳以自己不会服装设计又不懂销售技巧为由拒绝了，但是丁兰却说，我请你到我店里不是做什么裁缝或是销售员的，我要你做我店里的管理员！

在丁兰的盛情邀请下，加上自己当时确实需要一份工作，便只好厚着脸皮去了丁兰的服装店做管理员。

在丁兰店里工作的那些年，黄芳逐渐了解和熟悉了服装行业，也积攒了一些钱，突然就有了自己创业的想法。丁兰得知黄芳的想法之后不仅没有责怪她，反而还大力地支持地，帮她找店面、请员工，还教她进货和找顾客等，简直是手把手地教黄芳开了一家自己的服装店。

黄芳的服装店也是越开越红火，分店也是一家接着一家开，她的年收入也因此每年都翻倍地涨。对此，她十分感激丁兰，若不是有丁兰这个益友在她最需要帮助的时候扶了她一把，她绝对不会有这样的成绩。

益友，像是一盏明灯，指引着你前行的方向。

益友，像是一根拐杖，搀扶着你一路前行。

益友，更像是一杯清茶，时刻让你保持着清醒的头脑。

千万别让自己孤立无援地活在这个世界上，多结交一些有益的朋友，终有一天，他们会给你带来意想不到的收获。

／人，切不可孤立自己，使自己处于一种无援的地步，要学会交一些对自己有益的朋友，交一些知心的朋友。／

第三章

大智大慧　芈月的攻与守

芈月说

"我芈月前半生都靠在男人身上，
这剩下的日子不靠也罢，
我自己的命运，自己做主。"

1. 自命不凡，坐拥专权

　　每个人都有自己的短处，每个人也都有自己的长处。别人眼中的自己是什么样的并不重要，重要的是你自己怎么看你自己，你有没有自贬身价，你有没有自己看不起自己。一个不会肯定自己的人，必然会使自己跌入自卑的泥沼中不可自拔；一个会肯定自己的人，必然会在自信的力量的推动下，走出一条康庄大道来。

　　乐观的人，他看到的世界是充满着爱与希望的；悲观的人，他眼中的世界是龌龊的、黑暗的。同样的，肯定自己的人，他的人生之路会是平顺的、坦荡的；否定自己的人，他的人生之路是崎岖的、泥泞的。

　　肯定自己是一种信念，它不是繁花，不会如梦似锦，它如青松，雪压不倒。人正是因为有了这种信念，才会兵来将挡水来土掩，不惧怕任何艰难困苦，才能大踏步地跨越任何沟沟坎坎。

　　公元前279年夏末，秦宣太后芈月和秦昭襄王嬴稷跟随白起领着十万大军，浩浩荡荡地出了蓝田，过了武关，雄赳赳气昂昂地去攻打楚国。这一次攻打楚国，绝不会像过去那样打打合合，大秦本次是带着一举攻破楚国的坚定决心出兵的。

　　白起确实是一名猛将，秦国得之，真是大幸。为了顺利攻下楚国的鄢城，白起花了三个多月的时间率一千余精兵依着山势沿着夷水河挖了一条七十余公里的长渠，然后又在上流筑了个堤坝蓄水，之后借着这个长渠把水引进鄢城，近半日的时间，就把鄢城淹得"尸横遍野"，之后白起再领军一鼓作气攻下了楚都城，使楚王落荒而逃。

　　占领了楚都之后，芈月踏上了她阔别了将近五十年的故乡——郢都。

在郢都长大的芈月，当时是一个毫不起眼的小丫头片子，机缘巧合之下，竟然得以以楚国公主的身份嫁入秦国为妃，深得秦惠文王的宠爱，生下了儿子嬴稷，嬴稷后来登基为王，她一跃成为大秦的太后。由于嬴稷当时年纪还小，芈月便"垂帘听政"辅佐嬴稷，这一辅佐便辅佐了几十年，朝政大权几近掌握在她的手中，她励精图治，力挽狂澜，终把弱秦变成了强秦，把秦国最大的抗衡国齐国给打败，把强大的楚国之都占领，为大秦日后一统天下打下了坚实的基础。

如今，时过境迁，时隔多年回到故土的芈月，不得不对眼前物是人非的景象感慨万千。谁会想到，她今日归来，竟然是以主人的身份踏上这片土地，昔日的楚国土地变成了她大秦的国土，昔日楚国的百姓成了她大秦的臣民！是啊，天下间谁都不会想到会是这样的结局，但是芈月却是早有心理准备，她早就知道会有那么一天，她也绝对相信自己能促成那一天的到来，她是那么地相信自己肯定能够做到。

当她第一次提出联楚弱楚之计时，她就告诉自己，终有一天，我一定能将楚国打败！

当她会见楚怀王，并被他占了一身的便宜之时，她再一次告诉自己，终有一天，我一定能将楚国的土地据为秦国所有！

当她下令大秦名将出兵攻打楚国之后，她又一次告诉自己，终有一天，我一定能将楚国的百姓变成我大秦的臣民！

当嬴稷称帝被多国联合讨伐之时，她狠狠地告诉自己，终有一天，我务必要将整个楚国都收纳到我大秦的旗帜以下！

经过多年的储备，经过多年的谋划，芈月终于在有生之年，做到了她早就想做的事，做到了她心中早就谋划好了的事。

肯定自己，才能让自己有奋勇向前、一步也不停歇的战斗精神和抗战力量。

肯定自己，才能让自己有使不完的劲儿，用不完的力，使自己不断地进步。

多年前，认识了一个朋友，她叫小柚，一位隐匿于一个小城市某商厦一个叫芭菲画室里的自由设计师。

自由设计师是以个人名义存在的设计师，不附属于某个设计公司。"自由设计师的发挥余地很大，因为不用经过设计总监的压制，接触的设计类别也更多一些，可以使个人得到更大的锻炼。"所以小柚选择了做一名自由设计师。

自由职业者，首先面对的是一种不安定感。因为职业的不固定性，经常遇到没有工作的时候。虽然家人一直都希望她能够进一个单位做一份有稳定收入的工作，不过父母最终还是选择了支持她，让她在做自由职业者的过程中找寻自己的人生发展方向。

小柚是一个非常欣赏自我、肯定自我，也非常热爱生活，时刻保持着积极信念的纯粹女子。她从小就很喜欢画画，但是一直只作为爱好，没有认真去学。高中时在妈妈的支持和鼓励下，才利用课余时间从基础学起，之后参加了专业考试，最后走上了设计之路。但是小柚说她并不是个"专业画画的"，因为她的专长是平面设计，平时她会接一些招贴设计、标志设计、版式设计或者摄影后期来做，同时也画一些插画，她说她想做个"插画师"，不过她并不是什么插画都接的，她做的插画更注重的是画里的思想意义和设计感，而且还不光用手绘，更多的是用电脑进行创作。

她尝试过很多不同风格的插画，有细腻的，有委婉的，有可爱的，也有点阴暗个性的，但是因为每幅画的想法不同，所以一直在不断地改变自己的绘画风格。她一直在摸索着，希望能找到"一个有个性的且只代表自己风格的风格去坚持不同主题的创作"，尽管很多人可能会不认同她的画法，会接受不了她的创新画法和绘画风格，但是她说，那是她独有的东西，是她有别于别人也优于别人的地方，所以她会一直坚持下去。

后来小柚开了一家名叫"芭菲"的画室。这家画室跟同城的其他画室很不同，那些画室大多数是为了给学生做培训应付考试而开的，开设的课程是比较系统的。而小柚的画室，不讲究专业技巧，也不限制学员的身份，更不是为了培训学生通过考试而开，只要你想学画画，只要你想画画，你就可以走进她的这间画室，想画什么就画什么，让顾客在画室里能够得到全面的放松，或得到愉悦之感，或得到情绪的释放。

为什么会开这样一家画室呢？小柚说她常常会通过摆弄色彩来释放情绪，当她沉醉于画面中时会完全忘记烦恼，她很想把自己的这种喜悦之感，分享给朋友们。正好一次偶然的机会她从媒体上得知香港、上海等一些开放城市有一种叫"自助画室"的地方，专门提供画布、颜料、画笔等让客人随意发挥作画，她觉得特别有意思，于是就在自己居住的城市"依葫芦画瓢"地开了这家画室。客人在画室里作画就像是去吃自助餐一样，颜料画笔自取自用，画什么也由自己决定。客人不用担心自己没有绘画技巧，有需要时，身为画室主人的她才会从旁指导构图或者调色。

对于这个画室的经营方式，或许还得不到很多人的认可，但是小柚说她依然会一直坚持下去，她相信自己以及肯定自己一定能经营好这间画室，能通过这间画室带给她的顾客朋友一种新的生活方式、一种新的生活态度和一种新的作画方式。

从一个无固定工作、无固定收入的自由设计师到一间画室的主人，这一路走来，给予小柚最大支撑点的是"肯定自己"的坚定信念。相信在这个信念的支撑下，小柚以及她的画室会走得更远，更远……

每一个人都是独特的，每一个人身上也都有闪光点，别人可能发现不了，但是你一定要肯定自己、欣赏自己。

肯定自己是一种积极向上的心态。人只有肯定自己、欣赏自己，才能出色地发挥自己的才能和潜力。

／肯定自己是一种信念，它不是繁花，不会如梦似锦，它如青松，雪压不倒。人正是因为有了这种信念，才会兵来将挡水来土掩，不惧怕任何艰难困苦，才能大踏步地跨越任何沟沟坎坎。／

2. 收服能臣，维护王权

　　成功是不可复制的，因为每个人的出身背景、性格发展、生存环境、情商智商以及机遇和挑战都不一样，所以，每个人成功的方式都会有所不同，然而成功又是可以拷贝的。纵观古今中外那些成功人士，他们身上均有一个共同的特点，那就是创造自己，努力将自己变成强者中的强者。

　　其实，每个人的存在，都有其固有的价值，只是，有的人不会开发利用，有的人却善于开发利用，会将自己天生的优越条件和后天的勤奋努力紧密地结合在一起，以至于碰撞出成功的火花。芈月属于后者。

　　芈月在刚得秦惠文王宠幸之时，她并未想过有一天要涉足朝政，只是为了跟秦惠文王有共同的语言，所以在闺房之内主动跟秦惠文王讨论一下时局战况。可没想到，她的见解独到，分析得也十分恰当，很多次秦惠文王都是在芈月的提醒之下做出了比较正确的战略决策，故渐渐变得依赖起芈月来，遇到什么疑难的战况，他会问问芈月的意见，让芈月帮他分析分析。

　　芈月生于战乱时代，这让她看到了天下列国争权争霸的残酷性，让她看到了"弱肉强食"的社会现实。故在入秦为妃之后，为了能够获得秦惠文王长久的宠幸，她自然是要努力为秦惠文王分忧解难了。秦惠文王有着勃勃的野心想要一统天下，他的忧虑自然就是如何得天下平天下，芈月饱读战略书籍，深入研究战略决策，以期助秦惠文王得天下。只有这样，她才能长久地得到秦惠文王的爱。

　　芈月不断地研究兵法，不断地阅览群书的过程，就是不断地创造自己的过程。

　　在嬴稷继位之后，芈月以新王年幼为由垂帘听政，大秦的政权算是完全掌握在了她的手中。一个国家，天下众多臣民，都要靠她一个女子来统领，尽管先前侍奉秦惠文王时算是偶尔得以参与了议政，但那对现时已贵为秦国太后的芈月来说只不过是"小试牛刀"罢了，真正的考验在后头呢。

齐国的日渐强大，其他各国不断变法强国，秦国的强国之位岌岌可危，加上各国又联合起来伐秦，面对着强大的外敌，芈月能做的唯有使自己和秦国先变得强大起来。为此，她在注重自我军政才能的提高的同时，敢于任用重臣举荐的新人白起，将前方的军事行为交托给新提拔的将领，以谋求全新的发展。

白起确实不负芈月所望，一次又一次地从前方发回大获全胜的消息，芈月对他的表现十分满意，后封白起为国尉，掌管着秦国的军政大权。

芈月以自我提升及重用能臣来达到创造自己的目的。

❧❧❧❧❧

再有天分，不知后天努力创造，成功也会驱之避之。

每个人都有一定的存在价值，我们要充分地将这个价值表现出来，就务必要学会利用一切可以利用的条件，如人际关系、生长环境等创造自己，使自己具备超越自己以及超越他人的能力。

曼妙的身姿，优美的舞姿，伴随着七彩的舞台灯光……2004年9月28日，雅典残疾人奥运会闭幕式上，邰丽华带领着中国残疾人艺术团聋人舞蹈队表演的《千手观音》得到了全世界人民的好评。"邰丽华"三个字就像是蒲公英一样，四处飞翔，飞进了寻常百姓的家里和心里。

"如果给我3天时间，让我听见世界上的声音，第一天我想好好地听听伴我度过二十多年的、我所跳的每一支舞蹈的音乐——是真正的音乐和悠扬的旋律，而不是我现在理解的节拍；第二天我还想听音乐；第三天我仍然想听音乐。音乐对于舞蹈者来说就是灵魂。"谁会想到，那个在舞台上完美出色地表演的美丽女子邰丽华竟然是个残疾人！她竟然听不到音乐的旋律，完全凭着自己的感觉入舞，那是一种怎样的奇迹啊！

　　邵丽华生于一个普通的职员家庭，2岁时因发高烧不幸成为无声世界中的一员。

　　尽管知道自己与其他的孩子有着很大的区别，尽管知道自己今后的人生路会因为"失声"而变得更加的崎岖蜿蜒，但是她不怕，她从小就培养了自己很强的自理能力，她要用自己辛勤的汗水去创造自己，以改变自己不幸的命运。

　　初进聋哑学校的时候，她发现一门叫作"律动课"的课程很有意思。教师踏响木地板下的象脚鼓，把震动传达给站在地板上的学生，孩子们由此而知道什么是节奏。为了体验这种感觉，邵丽华总把脸颊紧贴在答录机的喇叭上，全身心地感受不同的震动。此外，每每看到电视里播出舞蹈节目，她总是看得目不转睛，有时甚至跟着电视里的舞蹈演员跳起来。

　　喜欢舞蹈的她，在残联的帮助下得以参加了正规的舞蹈训练。在15岁时就已经具有10年的舞蹈经历了。当时武汉市歌舞团的一位姓赵的老师在她身上看到了舞蹈天分，觉得她是个可塑之材，只不过因为跟她交流起来有些困难，加上她对声音的把握可能会因为先天不足而有一定的障碍，故只是抱着试试看的心态训练她。

　　初到武汉歌舞团，邵丽华不知道是新环境暂时适应不来还是身体的缺陷使她与其他的学员有所差距，表现并不好，赵老师有些失望。为了让赵老师重拾对自己的信心，也为了充分将自己的才华展现出来，邵丽华每天除了吃饭和睡觉外，其余时间都在跳舞。她首先练的是《雀之灵》，有七百多个节拍，无法听到音乐的邵丽华要想让自己的舞蹈和这七百多个节拍完全合上，简直是太难了！她只能靠记忆，重复，再记忆，然后再用重复的方法去练习！练了大半个月，她的心底终于奏响了这支乐曲，她终于能够随着"音乐节拍"翩然起舞了！

　　凭着一股执着努力创造自己的韧劲，有一定舞蹈天分的邵丽华终于在舞蹈领域脱颖而出了，而且她在很多舞蹈比赛中，在舞台上跟音乐节拍配合得很好，评委们压根儿就看不出她是一名残疾人士。之后，她又随中国残疾人艺术团出国访问演出，以其灵动的舞姿赢得了异域观众的赞叹。

　　"从不幸的谷底到艺术的巅峰，也许你的生命本身就是一次绝美的舞蹈，于无声处，展现生命的蓬勃，在手臂间勾勒人性的高洁，一个朴素女子为我们呈现华丽的奇迹，心灵的震撼不需要语言，你在我们眼中是最美。"这是邰丽华获得2005年《感动中国》人物奖时的颁奖语，也是人们在看罢2004年雅典残疾人奥运会闭幕式上她所表演的《千手观音》之后，心底发出的最真的感叹。

也许人们根本就不曾想过，一个生活在无声世界的残疾人能够凭着心底自己鸣奏的音乐跳出一支让全世界人民都惊叹的舞！

其实，所有人的人生都是一样的，有圆有缺有满有空，这是我们所不能选择的。但是我们却可以选择自己做自己的主人，可以选择努力去创造，使自己成为一颗闪亮的星。

想要成就一番事业，或是成就一个美满家庭的女人，务必要学会创造自己。

创造自己，才能成就自己，成就自己所想要的一切。

/ 每个人都有一定的存在价值，我们要充分地将这个价值表现出来，就务必要学会利用一切可以利用的条件，如人际关系、生长环境等创造自己，使自己具备超越自己以及超越他人的能力。 /

3. 保秦江山，移交政权

人生如战场，只有自己才是这场硬仗中的主角。人的一生之中，其最大的敌人不是别人，而是你自己。你不可能超越所有的人，但却可以超越你自己。只有超越了自己，才能真正发挥自己的极限潜力，使自己凌驾于巅峰之上。

芈月就是这么一个把挑战当成是指南针，把失败当成是试金石，勇敢地向自己挑战，并战胜自我超越自我的历史传奇人物。

芈月从十几岁入秦到辅佐嬴稷与各国分庭抗礼，转眼间，几十年便过去了。深爱着的秦惠文王走了，最爱的义渠王也被自己亲手杀了，就连老来的心里寄托——甘土，她这一生之中爱过的第三个男人都走了，她真的是觉得自己老了，满头白发已然将她的老态尽显。所以，在甘土走了之后的一段时间里，她对朝政是漠然的，一来是觉得嬴稷已步入中年，完全可以独当一面了，她是时候放权了；二来自己的身体也日渐走下坡路，她需要一段时间进行休整。

然而，正是她放权的这段时间，嬴稷越来越目无尊长，做了很多决定都让芈月为之愤然，尤其是对芈月一手提拔的爱将进行排挤，甚至想要赶尽杀绝。

魏冉、芈戎是芈月的亲弟，向寿是芈月的堂弟，三人都是芈月的得力爱将，没有他们，芈月也不会得以将大秦从弱国变成强国，把持着大秦的朝政那么多年。

是日，魏冉收到嬴稷要起用一位新人辅佐他的消息时，实在是坐不住了，他得联合芈戎和向寿先发制人，在嬴稷还任用他们的时候，早做打算。为此，魏冉想到了一个办法，即把三人的封地连成一片，如果到时嬴稷真的要对付他们三人，三人联合起来，那威力可不是一般的大。所以，之后的很长一段时间，魏冉不断地征

战，目的就是为了扩展自己的封地领土。

在魏冉打着为秦国拓展土地之名不断地发兵攻打各国时，嬴稷也没有闲着，为了尽快从魏冉等人手中将军政大权夺回，他广纳贤才为己所用。

芈月嗅到了嬴稷和魏冉等人明争暗斗的气息，也猜到了这几年魏冉不断南征北伐的真正意图，她知道，魏冉再如此下去，必死无疑。这大秦的天下是嬴稷的，他要夺回军政大权自然是理所应当的，只是这几十年来，她这个太后殚精竭虑地辅佐他，连军中的几名大将也都是自己一手培养和提拔的，嬴稷忌讳她的人继续把持着朝政，也是情理之所在。

魏冉等人跟芈月出生入死，为大秦的发展做出了不可磨灭的贡献，但他们毕竟是外姓人，不是大秦的嫡子嫡孙，如若大秦的江山在芈月死后，因魏冉等人的势力不断崛起而四分五裂的话，那么芈月这一辈子辛辛苦苦守护大秦还有何意义？

经过一段时间的深思熟虑，芈月决定，将大秦的军政大权和朝政大权全部移交给嬴稷，让嬴稷自己主政大秦，广纳贤良继续为大秦的统一大业而奋斗。

公元前266年，魏冉、芈戎等秦国四贵均在芈月恩威并施的调解下，回到了当初原始的封地，安心地过自己的下半辈子，不再争权夺利，不再领兵四处征战。

芈月把权放了，便在大秦政治舞台上完美地谢幕了，别以为她将从此"默默无闻"，实则，她此时才真正到达了她人生的最巅峰。因为，她是中国历史上首位将权力交接处理得如此完美之人，这得到了历史的公认，得到了世人的肯定。她最终选择放权，这完全是超越自己之举。她在位的这几十年，要风得风要雨得雨，不仅大秦的王公贵族怕了她，列国的君王也都对她忌惮三分。在那个战乱的时代，她拥有的权力是至高无上的，可以说，她完全登上了权力的高峰。如果要她再超越自我的话，就只有"放权"了。

❧✦❧

著名的哈佛大学教授威廉詹姆斯曾说过："生活中的成功并非取决于我们与别人相比做得如何，而是取决于我们所做的与我们所能做到的相比如何。一个成功的人总是与他们自己竞赛，不断创造新的自我纪录，不断改善与提高。"

超越自己，才能成就自己；超越自己，才能拥有更美好的未来。

曾经采访过一个有着"小玉女"之称的北京电影学院表演系毕业的影视新星罗文丽。

她长得非常的秀美，而且身上还流转着一种贵气、一种灵气、一种耀眼的光环，可能与她生长于比较优越的家庭环境、长期学舞以及演员身份有关吧。

生活于她来说，是幸运的。她很小的时候便展示出了舞蹈天赋，时常在大人面前翩翩起舞，9岁的时候就在柳州获得舞蹈比赛的冠军。11岁的时候，在父母的大力支持下，她离开了家乡柳州北漂到北京舞蹈学院附中学了4年的舞蹈，其间曾获得过两次专业舞蹈比赛的冠军。可是临近毕业的时候，一直有着明星梦的罗爸爸跟她说，孩子，学表演吧，你有舞蹈基础，应该不难考上。爸爸的这一句话让罗文丽开始关注表演，并报考了北京电影学院，最终以比较优异的成绩考入了北京电影学院学表演。

虽说罗文丽有着天使的面孔和舞蹈的天分，有个身家和财富均"高人几等"的父母让她一直过着"衣食无忧"的富足生活，但是她北漂的日子并不轻松。

她北漂8年，一路走过来，熬得还是挺辛苦的。一个人在外生活，起居饮食和住家环境都要自己解决，加上当初北漂到北京舞蹈学院附中读书的时候她还小，不太会跟人相处，所以常常会和舍友们闹些小矛盾，弄得自己心情很不愉快。后来慢慢地适应了北京的生活，人也慢慢地长大，学会了为人处世，棱角慢慢被磨平了，这才一直都保持着良好的心态去生活、去学习和工作。

在进了北京电影学院陆续接拍了一些影视作品之后，罗文丽还发现，演员是个不太人性化的行业，它要求每个演员对表演要有很高的热忱，要体无完肤地把某个角色展示给观众，演员拍戏的时候入戏太深，拍戏结束后走不出来的话很容易性格分裂。除此之外，演员还特别地辛苦，要是在电影城里拍戏还好，有宾馆住，要是出外景的话，恶劣的环境可想而知。她就是一直在这个看似光鲜却很辛苦的行业里辛苦地打拼着。

北京电影学院确实是很多人梦寐以求的从影天堂，它的社会气息很浓，是个小社会，全国各地的精英人物都在里面，走进去不容易，从里面走出来，走上大银幕更不容易。虽然罗文丽很幸运地融入到了其中，她的专业知识可谓是扎实了，她的演技经过几年的学习和打磨日益精湛了，这些年她也陆陆续续参演了一些戏，如新版的《拿什么拯救你，我的爱人》的电视剧，如电影《龙城风云》等，因为这些都是一些女二号或女三号的角色，未曾演过女一号，所以很多观众对她印象不是很深，很多知名导演也未曾注意过她。

为了能够得到知名导演的青睐，给予她一个能充分展示自我才华的戏份，她唯有不断地去提升自己的演技，努力超越自己，不仅接演现代都市剧，也接演古装剧、舞台剧，且尽力演好每一个角色，且务必做到，下一部剧肯定要比上一部剧演得好。因为她深信，只有超越自己，才能梦想成真。

你战胜了别人，只说明你在某一方面取得了胜利，但是你若战胜了自己，超越了自己，那么你就获得了全面的胜利。为了获得全面的胜利，我们务必要抓住每一个机遇，接受每一次挑战，不断尝试去超越自我，才能从中体会到生活的乐趣，生命的色彩！

/你不可能超越所有的人，但却可以超越你自己。只有超越了自己，才能真正发挥自己的极限潜力，使自己凌驾于巅峰之上。/

4. 肩负重任，强国统一

最了解自己的人是我们自己，但是最不容易搞清楚和弄明白自己的人还是我们自己。

人的认知能力跟自己所处的社会环境和所生长的家庭环境息息相关，人们很容易被特定的环境所"迷惑"，以至于看不清自己，认不清自己的内心所想，不知道自己究竟要过怎样的生活，要做怎样的工作，不知道自己的一生到底该如何度过。如果我们一直都认不清自己，找不到适合自己走的人生道路的话，这一生，我们将都在"迷茫"中度过，将过得不开心、不精彩。

只有认清了自己，才会知道自己想要的是什么，才会有目的、有计划地去为实现自己的理想而奋斗。

天下间，没有哪个女子不想从一而终地只爱一个人，不想跟自己心爱的人白头偕老。芈月刚嫁入秦国为妃时，秦惠文王对她是真的动了心，宠爱有加，她为了更深入地走进秦惠文王的心，是费了一番功夫的。然而，秦惠文王是个野心勃勃的王者，为了大秦的江山，为了自己的宏伟心愿，在义渠王领兵攻城只为得到芈月时，秦惠文王纵使有千般万般的不舍，也还是顾全大局，把芈月送到了义渠王身边。

义渠王对芈月情有独钟，当晚便在军营里强行占有了芈月，之后果然信守承诺，鸣鼓收兵，不再攻打咸阳。然而，他并没能够把芈月带回义渠，因为芈月跪在地上哀求义渠王放她回大秦，大秦有她身上掉下的骨肉，她若去了义渠，她的儿子必将遭到惠文后的毒手，她一定要回大秦保护自己的儿子。

义渠王哪里甘心把已经到手的女人放回去，执意要把她带回义渠。性子刚烈的芈月便抓起了桌子上的一把弯刀架在自己的脖子上威胁义渠王，若不放她回大秦，她便死在他面前。义渠王最终还是舍不得眼睁睁地看着自己心爱的女人死在自己面前，忍痛把她放了。

芈月从义渠军营出来，直奔大秦。然而，秦惠文王却不肯见她。她知道，自己已然是不贞之身，秦惠文王恐怕是很难再接受她了。不过秦惠文王对她的情意还在，为避免芈月跟惠文后因为儿子争太子之位而大动干戈，故让芈月带着她的儿子嬴稷到燕国做质，以保她们母子周全。

在燕国为质的日子实在是太难熬了，很多时候她都忍不住问自己，要不要偷偷地回秦国看看？或许，秦惠文王已然放下那一晚的事，肯再接受她了，但是她始终迈不开回秦的步子，因为她知道，她现在的情境，回去实在是太尴尬了。毕竟自己跟义渠王有过一夜夫妻之实，就算秦惠文王过得了心中的那道坎再宠幸她，后宫的那些嫔妃怎么可能不以此大做文章，到时不但丢了秦惠文王的面子，丢了自己的面子，更会连累到自己的孩儿被轻蔑，别说是争太子之位，恐怕就连待在秦宫里都难。故而她一直忍着，等待着成熟的时机回秦。

当嬴稷被立为太子，得以回秦登基为王时，芈月深知，自己已经不再是那个只为取悦秦惠文王的宠妃，而是年幼的一国之王的母亲，是大秦的支柱，秦国的发展就要靠她了！之后，她采取了一系列措施来提升秦国的综合实力，不断地派能将去攻打其他列国以拓展疆土……

"认清自己，才能摆正自己的位置，做自己该做的事，能做的事。"芈月如是说。

❧❧❧

2013年底参加了一位"80后"女性朋友的作品研讨会，会上有位专家学者对这位朋友所出版的青春小说列出了一大串的毛病，且在指出的时候言辞犀利，情绪还比较激动，简直把那部作品贬得一文不值，就差没用"垃圾小说"四个字来形容了。朋友一直耐着性子听完了专家的批评，待她发言时，她直言，青春小说在"50后"

"60后"的长辈们眼里实在是没有存在的价值，但是那是青少年成长过程中一笔纯真的财富，小说中述说的各种情感是那么的单纯，那么的自然，没有半点的矫揉造作，她不后悔写这样纯情的小说，更不觉得这些小说没有存在的价值，她反而觉得那些小说一直陪伴着她成长，为她今后创作出更加具有社会意义、更具社会价值的文学作品奠定了坚实的基础。为此，她当即向专家们表示，现在的她因为年龄渐长，人生经历丰富了许多，加上这些年她博览群书，相信自己有了一定的实力，可以创作出一些专家们认为的比较有社会价值和社会现实意义的作品。她计划即将要创作的作品类型为科普文学和社科文学，且读者群依然定位在青少年。

有专家就问她了，为什么读者群还是定位在青少年呢？难道就不想超越一下，写给中青年朋友看吗？

她是这么答的：我对自己的读者群非常了解，我的读者百分之九十以上是青少年朋友，我觉得就算我转型去写社科文学或者科普文学，他们依然是我最大的支持者，目前，我还不能"丢下"他们。

接着又有专家质疑她了，说对于一个从青春文学中走出来的年轻作者来说，他们在创作上会受到一定的限制，如生活阅历浅、文化水平不够高、综合知识储备少、文学创作水平深度不够等，总之，这些年轻的作者能写的体裁和题材都不多，创作生命应该不会超过40岁，对于那些有深度的散文作品，他们更不可能写得出来。

这位朋友很不认同专家学者的观点，她坚信自己除了青春小说外，其他各类文学作品都能写。为此，她把所有的时间都用在了阅读大量的书籍上，各个领域的知识她都深入地研究和学习，甚至还报读了一些专业知识课程。在利用2年的业余时间进行大量的充电之后，她接了出版社的几个科普选题来写，写得还挺顺手的，并未遇到什么大坎儿，而且出版社编辑几乎通篇没改几个字便顺利地将其推向了市场，销量还不错。

当她拿着自己新出版的科普读物赠送给当时在研讨会上极力批评她以及她作品的专家学者阅览时，那些专家学者一个个都瞪大了眼睛，真没想到，一个刚过30的青年居然能写出这样一本对青少年课堂知识有利补充的作品。

当然，她并未满足于只创作青少年科普文学作品和社科作品，她要广泛地涉猎各类文学作品，要把自己训练成多才的"写手"。因为她知道自己的境况，也熟悉出版行业的发展情况，时而小说畅销，时而心灵鸡汤畅销，时而励志作品畅销，要是身上没几把刷子，谁能光靠稿酬便能好好地存活下去啊。她是一名自由撰稿人，她的收入来源便是她出版的作品的稿酬，她只有能写各种类型的书，才能在出版行业里更好地生存下去。

人，只有认清了自己，找准了自己的位置，才能毫不畏惧地向前，走出属于自己的人生路。

这些年，她出版了大量青少年励志作品，从专家学者口中"写不出青春文学以外其他题材"的"青春美少女作家"成功转型为了"知性女作家"，这全赖于她能够认清自己，找到了自己发展的方向，找到了自己的人生价值所在。

老子言："知人者智，自知者明。胜人者有力，自胜者强。" 我们必须要对自己有一个清醒的认识和分析，如此才能为我们的人生航线确立一个风向标，之后才得以加足马力向目标开去。

/ 只有认清了自己，才会知道自己想要的是什么，才会有目的、有计划地去为实现自己的理想而奋斗。/

5.一心一意，固秦强秦

战胜自己，是人生的必经之路。

人活在这个世界上，最大的敌人不是别人而是自己，只有战胜了自己，才能更好地拥抱未来。正如高尔基说的：最伟大的胜利是战胜自己。人只有在不断地战胜自己的过程中才能够日渐成长，不仅需要战胜懒惰，战胜平庸，还要战胜困难与挫折。

只有战胜了自己，我们才能创造出辉煌；只有战胜了自己，我们的人生才会发出别样的光彩；只有战胜了自己，我们才能够放手一搏登上人生的最顶峰。

本来芈月初入秦宫为妃，并无非分之想，也未曾想过要跟惠文后争些什么。但是自从当了母亲之后，心中所想就有所不同了。天下间没有哪个母亲不想自己的儿女能够成龙成凤的，芈月也不例外。

当时，秦惠文王比较看重惠文后之子嬴荡，嬴荡好武，不思谋略，秦惠文王深知如此下去，嬴荡必然难成大器。故让十几岁的嬴荡随军去征战巴蜀，一来让他锻炼一下，培养一下，二来也是为了让他在众大臣面前树立一下骁勇善战的形象，以便立他为储时不受阻挠。

芈月得知秦惠文王的心意之后，心中十分难受。

立储这等大事，芈月怎么能袖手旁观呢？她务必要为自己的孩儿谋个美好的未来。于是她便去找张仪商量。

张仪在了解了芈月的想法之后大惊失色，急忙劝她不要插手立储之事，暂且不说秦惠文王现在正值壮年，不需烦心立遗诏之事，嬴荡公子适不适合成为储王还有待商榷，何况他现在还未成年，现在言这些都为时尚早。加之，自古以来，立储之事都是前朝政事，后宫嫔妃不得多言，芈月若是在秦惠文王面前说个半句，那么后果将不堪设想。这只是其一。其二，谁才适合做大秦未来的新王，得看各王子的才干和能耐，秦惠文王是断然不会将大秦的江山交给一个无力担起整个大秦未来的嫡子嫡孙的，不管是谁生的，结果都是一样的。

芈月听罢张仪的话，思考了良久。

秦惠文王确实现在宠爱自己胜于惠文后，但是惠文后毕竟是秦惠文王的正妻，秦惠文王对她始终有点惦念，他顾念结发之情欲立他们的儿子为储王，也在情在理，如若芈月仗着秦惠文王对自己的宠爱，在枕边念叨立储之事，很可能引得秦惠文王反感，指不定还一怒之下，再也不踏进她的寝宫半步，对她所生的孩儿也不再搭理。但是如若不说的话，岂不是白白地看着储王之位被惠文后的儿子嬴荡拿去吗？芈月心有不甘啊！

而她的孩儿嬴稷目前尚小，还看不出有什么大才能能让秦惠文王放心将自己的江山交给他。至于嬴荡，他虽不善谋略，但他武力过人，在这个列强争霸的时代，到处都硝烟弥漫，各国都需要一个英勇善战的君王，以目前秦国所有公子的实力相比较来看，嬴荡确实要比其他公子优胜一些。所以在公在私，秦惠文王要立嬴荡为储都再恰当不过了。芈月自然知道这层道理。但是身为母亲，为了儿子的前途，怎么能没有一点私心呢？

是夜，秦惠文王来到芈月寝宫，芈月纠结了半天，就是不知道当不当开口跟秦惠文王谈起有关立她的嬴稷为储的事。秦惠文王似乎看出了芈月有心事，虽然他不知道是什么心事，但是隐约也猜到了会跟她的孩儿嬴稷有关，他没有问，只对芈月说了这么一句，他之所以那么喜欢芈月，就是因为她深知他心，她所做的一切都是为了他着想，为了大秦着想。

好一句"为大秦着想"，芈月听到这句话，心中所有纠结都散去了。她不能那么儿女情长，不能那么自私，做任何事想任何问题都必须要以大秦的发展为先决条件，这样才对得起秦惠文王对她的恩情。

从那以后，芈月再也不去想立储之事。她终于还是战胜了自我的私心，一心一意地只想大秦不断强大，不断发展。

⛊⛊⛊

每个人的心里，其实都住着两个自己，一个总是会发出"赞同"的声音，另一个却总是会发出"反对"的声音，以至于使人出现摇摆的情绪，难以做出抉择。我们只有一直保持自信，朝着自己认为对的方向前行，选择自己认为最优的方案去做，才能战胜自己，驾驭得了心底那两种不同的声音。

朋友娟娟，她每天都会抽空在家里捣鼓一些美食刺激家人的味蕾，或是捣鼓一些小工艺品送给亲友，还时常到朋友开的咖啡店、书吧里读书读报找人聊天，日子过得简单幸福。

很多人都觉得，像娟娟这样过着休闲随意的生活的女子，不是生于大富大贵之家有着用不尽的家财就是嫁入了豪门，才能过上这样"不差钱"的日子。但是娟娟，年纪轻轻的就离了婚，独自带着女儿在零售行业摸爬滚打，煞是辛苦。

她真不是什么有钱人家的孩子，在上，她有健在的双亲要照顾，在下，她有一个靠自己单独抚养的女儿，她有经济压力，也有家庭压力，可是这些压力并未磨掉她对高品质生活的崇尚与追求。她也曾经因失败的婚姻而难过，因经济压力过大而崩溃过，因照顾老老小小太辛苦而苦闷过，但是她最终还是从这些阴影中走了出来。

"没有人会为我的痛苦埋单。与其痛苦地活着，不如开开心心、简简单单地活着。痛苦也是一天，开心也是一天，为什么我们不天天开心呢？"娟娟认为，人在困难挫折面前表现出的一蹶不振，完全是因为战胜不了自己，一旦人能将自己心底的痛苦分子给战胜了，日子还会过得那么苦吗？娟娟战胜了自己，战胜了自己心中的苦痛因子，所以每天的日子才过得那么滋润、那么灿烂。

娟娟在闹市区开有一家店铺，经营家居饰品，卖些温馨可爱的物品，不知道是因为身为店主的她品位高、讲时尚、出售的饰品都颇有特色呢，还是因为她本人的服务态度好，反正回头客络绎不绝，新客也是一天天增多，生意是红红火火。由于店是自己的，所以开店的时间和关店的时间完全由她自由支配，多了很多时间去参加一些社会活动和组织不同的朋友聚会，她常活跃于一个叫"红豆"的论坛，经常参加这个论坛组织的活动，尤其是一些公益活动，如到福利院去看望小朋友，或到孤寡老人家去坐坐等。

娟娟心灵美，手也巧，厨艺了得，还被称为"美女厨神"。可能是年轻的时候经历过一些大起大落吧，所以她更加地珍惜生活，注重生活的质量。她看见好吃又好玩的东西，就会有自己动手去做的冲动。在欣赏和品尝的同时，加入自己的想象和创意，然后又在制作的过程中体会到无比的乐趣与满足！有了"得意之作"，当然想和家人一起分享啦，她每天必做的事就是早起给家人做一份爱心早餐，使她的女儿时常发出这样的感叹："这辈子能做你这个美厨娘的女儿，真是三生有幸啊！"

娟娟的手巧，不仅表现在厨艺上，还表现在手工和女红上。儿时起娟娟就喜欢动手制作一些小玩意了，那时都是凭自己想象，随意发挥做的。有时看见人家制作的好玩的东西，她就顺手"偷师"学过来了！她看到一些网友在红豆论坛上发帖展示自己的手工作品，她也尝试着拍下一些自己的"杰作"发到网上，没想到竟然引起了一些纸质媒体的关注，接到了一些约稿，将自己做的美食或者各种小物品的过程拍下来，配上一些感悟文字和制作步骤登载在报纸上。这使她在赚取稿费贴补家用之外，还获得了"巧手美厨娘"的美誉。很多读者都照着她在报纸上介绍的步骤自己在家学着做呢。

就这样，娟娟从一个简单的生意人，变为一个常在报纸上露一手的"巧手美厨娘"，活得是一天比一天精彩。

逆境，是对一个人的考验，对一个人的磨砺。

在困难和挫折面前，我们首先要战胜的不是别人而是自己，只有战胜了自己，才能跨过这些险阻，成就自己美好的未来，使自己活得轻松一些、快乐一些，也更有意义一些。

只有战胜了自己，我们才能创造出辉煌；只有战胜了自己，我们的人生才会发出别样的光彩；只有战胜了自己，我们才能够放手一搏登上人生的最顶峰。

6. 铁腕集权，兵指垂沙

人不是为谁而活，是为自己而活。只有将自己完全地释放出来，人才会活得轻松，活得自在，活得精彩。

人生，本身就是一个大舞台，每一个人都要在这个舞台上进行"表演"。人只有将自己完全释放出来，才能在这个舞台上展现出自己最美的一面，才更容易接近成功，更容易拥抱光辉的未来。

蓝田军营里旗帜飘扬，三军将士齐刷刷地站着，排成一个巨大的方阵，嬴稷站在三军的正前方，一脸的傲气，一脸的使命，一脸的责任。

芈月站在不远处望着嬴稷那一副君王气派，虽说心里该是有些高兴，毕竟，自己熬了那么多年，终于等到孩儿具有王者风范了，然而，她的心里却有些发酸。

自从嬴稷登基以来，她一直大权在握，大秦的每一个决定，不管是前朝的还是后宫的，都是她芈月说了算，嬴稷从来不敢有半句微言。如今，嬴稷一天天地长大，一天天地成熟起来了，终有一天，他不会再受芈月的控制，不会再任由芈月掌握军机大权，芈月到时还能像现在这样肆意地释放自己吗？想到这里，芈月的心不免有些发寒。

芈月之前一直都不是个贪恋权位之人，因为她很清楚，她这个太后垂帘听政完全是因为嬴稷登基之时尚且年幼，她这个生母对辅佐新王掌管好大秦的朝政具有不可推卸的责任，她也算是尽心尽力，每调一次兵，每攻打一个国家，每实施一个政策，都是为振兴大秦。

然而，在不断地辅佐嬴稷管理朝政的过程中，芈月日渐地找到了自己的人生乐趣，她开始慢慢享受手握重权的快感，开始慢慢地在中国的历史舞台释放自己——对内，她任人唯亲把持军机大权；对外，不断讨伐征战拓展疆土。

公元前303年初春，芈月驱逐客卿，开始启用外戚，封弟弟魏冉为大将军镇守咸阳，封弟弟芈戎为将军，将堂弟向寿派往宜阳镇守，如此一来，秦国的京畿要地和军机大权都被掌握在了芈月以及外戚手中，以芈月为首、以嬴稷为核心的军政集团便由此而形成了。

在稳定了内部政权之后，芈月的羽翼便开始向外伸展，一心一意地对外征伐了。这次蓝田出征，便是芈月的精心策划和安排。芈月早就想对楚国下手了，只是苦于时机尚未成熟，如今，芈月觉得再也不能再等了，必然要忍痛出兵伐楚以为大秦日后统一列国打下基础，故而费尽口舌说服了嬴稷放弃对叶阳母国的眷恋而以大秦的发展为重。

"这一仗，势必要打，是吗？"嬴稷问芈月。

芈月点点头："号令三军出征吧！"

在得到芈月的颔首示意之后，嬴稷抽出佩剑，把剑身高高地举向天空，大声喝道："出征楚国，壮我大秦！"

就这样，大秦十几万将士浩浩荡荡地向楚国进发了。

望着大秦的将士器宇轩昂的背影，芈月笑了。不知从何时起，她便喜欢上了这种出征的壮观景象，每一次看到大秦的将士斗志昂扬地出发去为国征战，她的内心便会涌现出一股无与伦比的兴奋感，便会有种如释重负的感觉，或许，这便是芈月释放自己的方式吧。

"释放自己，将自己的智慧与才干肆意地释放出来，我们的人生才不会那么平淡。"芈月，确实是一个善于释放自己的女人，不管是在情感上，还是在朝政上。

释放自己，才能在有限的生命里，绽放出无限的精彩。

释放自己，才能活出一份洒脱，活出一份坦然，活出一份灿烂。

把自己的心灵囚禁起来，把自己的兴趣爱好封闭起来，把自己的才华隐藏起来，只会让自己活得不开心，使自己的人生变得乏味无奇。

朋友莉莉是一个自由撰稿人，她每天的工作就是在家"码字"。可是她的公公婆婆见她每天都是坐在电脑前敲敲打打，不曾外出工作，就整天在她面前唠叨，说她"好吃懒做"，自己不出去挣钱，在家住老公的吃老公的用老公的，若再这样下去，他们一定让自己的儿子跟她离婚。这些"唠叨"她起初只是听听也就算了，并未放在心上。可是有一天她出门散步时碰到几位邻居大妈，她们对她指指点点的，说她在家只知道吃和睡，对家里一点贡献都没有。她当时真的是被气坏了，回到家问二老为什么要在邻居面前中伤自己，二老只说了句："有本事就出去赚钱去，别在这儿叫喳喳的。"

正是二老的这句话使她放弃了"自由撰稿"的工作，到老公开的门面做销售员。几个月下来，她累得直喘气。这"累"不是身体累，而是心累。她的手是用来敲键盘"写字"的，不是用来搬搬抬抬写写画画的！做一份自己不喜欢也不擅长的工作，即使身体吃得消，心里也会很难受。

莉莉的老公劝她别在外"抛头露面"，回家好好地写她的稿子吧，她只要一想到二老看到她待在家里敲电脑那嫌弃的神情，她就坚决摇头，一定要坚持做下去，她要做给那两位老人看，自己即使不在家"写字"赚钱，在外面也一样可以赚到钱！

本来她做自由撰稿人已经算是小有成绩了，在很多杂志上发表了不少文章，很多出版单位都想将她发表过的文章结集出版呢，可是突然有一天她就在杂志圈销声匿迹了，编辑想找她要授权书，给她发信息留言都没及时收到回复，也就不了了之了。

多年之后，当她在大街上偶遇一个她曾经相识的编辑，问她怎么突然就人间蒸发了。她无奈地摇摇头说，她当初为了逞一时之气，为了不让公婆小看自己，为了逼自己一心一意地做个销售员不再与文字打交道，毅然决然地清理掉了所有编辑和文友的资料和联系方式，硬是把自己束缚起来往一个死胡同里塞，结果，虽然她的公婆看到了她勤劳地外出工作没再多唠叨，虽然老公的生意越做越大，门面开了一个又一个，她不再是个小小的销售员而成了荷包鼓鼓的老板娘，但是她活得很不开心，每天都很郁闷，因为她做着一份自己不喜欢的工作。

那位编辑对她说，你不属于销售界，你属于文字世界，你把自己束缚在一个不属于自己的领域里，怎么会开心呢？你如此封闭自己，束缚自己，只会限制自己的发展。这几年，你除了每个月拿到固定的收入之外你还收获了什么？如果你一直在文字世界里打拼的话，说不定已经著作等身了！朋友听罢编辑的话，像是遭到了当头棒喝。

"既然将自己束缚起来那么地不开心，为什么不早点把自己释放出来呢？你现在走出来还来得及，你的文字功底那么深，重新来过，还是可以找回当年的写作风采的！"最后，莉莉在编辑的鼓励下，重新做起了自由撰稿人。

回归文字世界，真是妙不可言。朋友整个人看起来精神多了，心情也好多了。

为了追回那几年"浪费掉"的创作时间，她现在是奋笔疾书，奋力拼搏啊，将所有可利用的时间都用来写作。尽管目前她只不过出了两三本书，也没有大红大紫，但是她能够从自我束缚中走出来，能够释放出最真的自我，已经是一种成功了。

人不能将自己层层包裹，不能紧紧束缚自己，要学会释放自己，敞开自己的心扉，让阳光照进去，这样才更容易获得成功，更容易获得幸福，更容易拥抱美好的明天。

／人不是为谁而活，是为自己而活。只有将自己完全地释放了出来，人才会活得轻松，活得自在，活得精彩。／

第四章

一统天下　芈月的刚与柔

芈月说

"那天高云阔，逍遥自在，
整个大漠任你我驰骋。"

1. 地位低贱，心高志远

大志向就是一盏明灯，照亮了你前行的路。

大志向就是一个航标，指引着你向成功的彼岸进军。

心存大志向之人，必然会将自己追求的目标定得很高。一个人追求的目标越高，自身潜能就越能得到充分的发挥。

芈月，自小就是一个志向远大的人。

由于芈月的生母向氏并非她父亲的正室，尽管她的父亲对她疼爱有加，她还是逃不过被正室之子女欺负的命运。后来家族没落，父亲去世，她和母亲还有弟弟芈戎被扫地出门流落街头，当时还年幼的芈月就暗暗发誓，一定要出人头地，一定要嫁个好人家，要做正妻，别让自己和母亲、弟弟再受苦。

然而，母亲带着他们姐弟俩再嫁之后，很快便生下了个儿子，即后来一直为芈月肃清障碍的大将军魏冉，根本无暇照顾芈月姐弟俩，芈月那时已渐渐长大，会替母亲分忧了，弟弟芈戎基本上都是她在照顾。

芈月随母亲住在楚都郊外一个叫作"云梦泽"的地方，即洞庭湖一带由水洼变成的沼泽地。

云梦泽依山傍水，环境非常好，很适合耕种，尤其适合种茶。一到茶叶收获的季节，山里家家户户年轻的姑娘便聚在一起，一同上山采茶，日子过得还算惬意，但是芈月并不满足于过这样简单而纯净的生活，她一直都想要到楚都去生活，因为她觉得，在这里顶多可以嫁一个有多些田地的人家，一辈子也只不过是个采茶女。

　　魏冉比武误杀了楚令尹的侄子那日，芈月与一群采茶女在茶园里采茶，几个年纪相仿的姑娘边采茶边闲聊，将来要嫁个什么样的夫君。

　　芈月说，她理想中的夫君，一定要是个大英雄，要敢作敢为，当然，还要对她一心一意，不可妻妾成群。说完，她还默默地在心底加了这么一句，最好是有着良好的家世背景，必然不会让自己受苦。这就是芈月一直以来的"大志向"，一定要嫁一个各方面条件都理想的夫君。

　　从小跟她一起长大的春申君黄歇，她心底对他是有几分爱恋的，只不过他跟她一样，家族没落，不再是王公贵族，这让芈月甚为担忧，尽管她知道黄歇才华横溢，将来必有所成，只是，她能等到他有所成再嫁吗？恐怕，她是等不到了。她为救魏冉自愿以楚国公主之身份嫁入秦国为妃，彻底断了对黄歇的眷恋。不过，秦惠文王与她心目中的理想夫婿还是有段距离的。尽管秦惠文王贵为王，多年来征战南北，绝对是个敢作敢为的大英雄，但是他年纪渐长，后宫嫔妃较多，只能像兄长般疼惜她，给不了她要的一心一意的爱。不过，贵为秦王妃的她，不用再生活在云梦泽那种乡野之地，不用再去做那些采茶的粗活，同母异父的弟弟魏冉又得以入秦为官，她也算是苦尽甘来了。

　　然而，一入宫门深似海，芈月的人生似乎才刚刚拉开帷幕。

　　先不说惠文后对她是百般刁难，后宫嫔妃对她也是极为不屑，就说秦惠文王吧，尽管已然被她的美貌和才气所吸引，但是国难当前，还是会用她去换取大秦的江山稳固，也还是会更器重惠文后的儿子而不器重她所生的孩子，这样残酷的现实让芈月为之心寒，心中的大志向不免有所调整，她开始为儿子嬴稷的未来做谋划，她开始想笼络能臣以推荐嬴稷为新王。可以说，从那时起，芈月的心中便有了一个更加宏伟的目标，那就是将嬴稷捧为大秦的新王，掌控大秦的军政大权，之后再统一各国称王称帝。

　　正是在这样一个大志向的推动下，芈月历经重重苦难，在秦惠文王、义渠王和楚怀王三个男人之中辗转周旋，最终成功将嬴稷推向了秦王之位，自己也成了玩弄战国政治权术41年的太后。

人，之所以有伟大和渺小之分，是因为理想和志向的不同。

一个具有远大志向的人，必然会具有坚定不移的决心、信心和毅力，在艰难困苦面前决不会动摇，不会退缩，其积极性、自觉性、主动性、意志力都一定会比一般的人强。正所谓，大志向能够产生大能量，大能量能将人推向人生的最高峰。

"老骥伏枥，志在千里；烈士暮年，壮心不已。"人，若想成就一番大事业，必然要有大志向。

前几年，辗转认识了一个"80后"女生，中文名叫谭雪飞，英文名叫Ada，她是一名老师，一家英语培训中心的副校长兼首席英语教师。

Ada是一个语言神经特别敏感的人，英语、日语、粤语她张口就来，所以外语系毕业的她去做了导游，成绩非常突出，不仅接待过美国、加拿大、日本、韩国等国的外宾，更有幸近距离地接触到了某国的国王和王妃。

一个那么出色的导游，收入当然是相当可观的了，不过Ada小小的心里可是装着大大的宇宙哦，她有一个大志向、大理想，那就是自己创业，创出一番大天地。但是创业不是那么简单的事，不仅要有资金，更要有眼光、魄力，有管理才能、人生阅历……

为了能尽快地实现自己的理想，为了能让自己尽快具备创业的资格和能力，为了使自己能够挑起将来创业的重担，她把自己所有的业余时间都用在了学习各种语言和加强自我能力上。

在做了两年导游，游历了多个国家，积累了一些经验，也储备了一点资金之后，她毅然辞职到了一个培训中心做英语教师。入这一行之前，她认真分析过，觉得这一行有发展的潜质，她自己也想开一家培训中心，但是由于自己对这行还很陌生，没有经验，于是才先"屈就"做个"打工者"，之后再"伺机而动"。

在做了英语教师四个多月之后，看到学生们考出了好成绩，不仅学生们高兴，家长们高兴，她自己也变得更加自信、更加快乐起来，她觉得能做让别人高兴的事自己感觉非常快乐，她不仅喜欢上了教育行业，更坚定了要在这一行"生根发芽"的信念。

机会总是垂青于有准备的人，Ada有着丰富的人生经历，加上又有创业的想法，更有创业的资金，所以当她所任职的培训中心其中一位股东欲转让股份时，她没多想，即刻去签了协议走马上任，然后重新装修，招聘优秀教师，做宣传……

就这样，Ada终于实现了自己的理想，从一名导游跃身变成了一名英语教师，之后再跃身一变成为一家培训中心的副校长，从一个打工者变成了"老板"，从一名施教者成为了管理者。

有志者事竟成。远大的志向能够造就伟大的人物。

一个人只要树立了远大的理想，并孜孜不倦地为实现其努力奋斗终身，他的人生就必然不会黯然失色，必然会绽放出五彩的光芒。

/一个具有远大志向的人，必然会具有坚定不移的决心、信心和毅力，在艰难困苦面前决不会动摇，不会退缩，其积极性、自觉性、主动性、意志力都一定会比一般的人强。正所谓，大志向能够产生大能量，大能量能将人推向人生的最高峰。/

2.除暴安良，奠基盛世

谦卑是一种姿态，是一种内在美的外在表现。

谦卑是一种美德，是一种难能可贵的品质。

谦卑是一种人生智慧，是一个人建功立业的前提和基础。

谦卑的态度，能让人看到自己的不足之处，永不会自满，只会一个劲儿地为更高的目标去奋斗。

谦卑的品格，能使一个人在荣誉面前不骄不躁，而是将它视为一种激励自己继续前进的伟大力量。

话说，芈月已然垂垂老矣了，朝政之事，她真的是有心无力了，而秦昭襄王嬴稷正值壮年，为了大秦的长远发展着想，芈月认为，是时候把朝政大权交还给嬴稷了。

魏丑夫知道了芈月的想法之后问她，是不是真的想好了要放权，大秦的江山如此稳固，大秦的国民如此富裕，大秦的兵力如此强壮，这完全是她一手创造出来的，放手，就意味着退出，太后真的不再眷恋权势了吗？

芈月望着魏丑夫，摇摇头说，她虽贵为太后，虽掌握着大秦的军机大权，但是大秦的凝聚力在于秦昭襄王嬴稷，他才是大秦的统治者，他才是大秦的君王，他为大秦所付出的远不比自己少，只不过，在他年幼之时，他对政事把握不准时，她给他提一些建议，为他谋一些战略罢了。其实，她也只不过是大秦的一个臣民而已。

魏冉在得知芈月有放权的想法之后，第一时间集合了芈戎、向寿一起去找芈月，三人合力劝芈月，不仅不要放权，甚至还要夺权。他们跟魏丑夫的想法一样，觉得大秦今日之所以能够如此的繁荣和昌盛完全是芈月的功劳，所以芈月若是要把整个大秦都放入自己囊中，他们绝对大力支持。芈月听罢，狠狠地教训了他们三人，明确向他们表示，大秦的江山是属于嬴稷的，谁也无法夺去。她之所以要放权，一来是因为自己年事已高，实在再无太多的精力去打理朝政了，二来嬴稷这几十年来，对大秦殚精竭虑，大秦能有今天的稳定和强大，嬴稷功不可没。是时候将军政大权交由他自己打理了，大秦日后的发展得靠他了。

❦

生命有限，知识无限，能力也无限。

"以谦卑的态度处事，必然会赢得人心，会赢得事业。"芈月如是说。

"满招损，谦受益。"不论你从事何种职业，担任何种职务，只有具备谦卑的姿态，以谦卑的态度处事，才会赢得人心，赢得事业。

"郎平"这个名字，想必大家都不陌生吧？尽管她曾是我国女子排球国家队著名运动员和教练员，凭借着强劲而精确的扣杀赢得"铁榔头"绰号风光了一时，也曾经一度被国人竖起大拇指称颂，但是所谓"人走茶凉"，当她到意大利执教，到美国执教，即使成绩再辉煌，对于我们中国人来说，意义都不大，大家不再关注她，不再将与她有关的话题挂在嘴边。2013年4月25日，当中国女排正处于低谷时，接任中国女排主教练，靠着"一是敢于输球，二是敢于用人，三是敢于尝试"的三个部署，用了不到两年的时间，就使中国女排的精神面貌焕然一新，闯出了不一般的成绩，于是，她又火了，又成为全国人民称颂的"铁娘子"。

"一支年轻球队的成长，不可能不付出代价。孩子们要补的课程太多，我也不是神仙，不可能一瞬间就带领中国女排东山再起。我需要时间，孩子们需要比赛来锻炼和积累。"郎平不介意中国女排输掉不太重要的比赛，而是让队员们在不断的输球当中找到自己的弱点，之后再努力训练加以改造，为2016年的里约奥运会做好充分的赢球准备。

　　"面对国际大赛，如果就那么几名主力一直在打，会被对手研究透彻。何况我们的队员也没有那种绝对实力，主力队员也一样，根本没到那个游刃有余的层面。"郎平认为，中国女排不再是十几个人的队伍，而是一个"大国家队"的概念。所以，她敢于用人，在中国女排的大名单里至少有22人，这样才能根据不同的国际比赛征调队员。

　　此外，郎平也敢于尝试，用美国女人贝斯当中国女排的体能训练师。贝斯是一个非常出色的体能教练，她安排的体能训练十分有趣，球员们个个都很喜欢接受她的训练。她比较注重节奏感，把每一个队员的各个肌肉群都全部训练到位，我们在比赛场上看到的中国女排的队员如此生龙活虎就是她的"杰作"。"引进国外的先进经验和手段为我们中国女排所用，努力地打造一支复合型的团队。"这是郎平国际性的眼光带给她的国际性的尝试，事实证明，她的尝试是非常成功的。2013年的世界锦标赛上，全体女排队员在郎平的精妙部署下战斗力瞬间增强了，使得中国女排事业蒸蒸日上。

　　对于"铁娘子"这个称谓，郎平觉得受之有愧，"言过其实"了，她觉得女排经过两年的磨炼能取得如此辉煌的成绩，完全得益于每个成员自身的努力与拼搏，她只不过起了个监督员的作用罢了。但在全国人民眼中，这个称谓给予了她，是名副其实的，她完全有资格得到这个称谓。郎平之所以觉得受之有愧，是因为她足够谦卑。

　　谦卑是向上的车轮。

　　人只有具有谦卑的姿态，才能不断地反省自己，改进自己，以更好地展示自己的才华，更好地获得成功的青睐。

3.励精图治，天降大任

奋斗是一种信念、一种理想，但凡成大事者，无一不是奋斗终身的。因为生命的价值，即在于不断地奋斗。

奋斗也是一种姿态、一种归宿，人只有不断地朝着自己的理想和目标去奋斗，才能到达一定的人生高度。

生无所息，人们唯有保持奋斗不止的姿态，才能使这个世界变得更加灿烂，才能使自己的人生变得更加绚烂多姿。

芈月曾经问过嬴稷一个问题："生命怎样才能过得精彩？"

嬴稷答曰："生命不息，奋斗不止。"

芈月微微地点点头，笑了。

芈月在收到嬴稷被拥立为新王的消息之后，内心掀起了一阵波澜。当她还是黄毛丫头的时候，觉得若能嫁个好人家做个贤良淑德的好妻子便很知足了，但是入秦为妃，生下嬴稷之后，在经历了后宫嫔妃争宠以及争储的残酷斗争之后，芈月默默地告诉自己，在战乱的年代，只有手握大权才不会被人欺负，她只有将嬴稷扶上秦王的宝座，她和她的弟弟们这一辈子才有可能翻身做主，不被人欺负。所以，芈月拼尽全力把跟嬴稷争王位的嬴壮给打压下去，将支持嬴壮的党羽全都肃清。

当芈月如愿以偿当上太后之后，她又有了新的理想，那就是完成秦惠文王的夙愿，一统天下。可是当时多国林立，要灭掉这些国家，谈何容易？芈月唯有奋斗不止，以期带领秦国的将领们打天下、稳天下和一统天下。

齐、楚、魏、韩等四国趁还未成年的嬴稷刚登基、大局未稳时，合纵起来一同伐秦。面对这样的困局，芈月决定盟楚，破坏四国合纵的计划。然而，楚怀王因秦惠文王在位之时，被张仪那张三寸不烂之舌哄骗了很多次，故楚怀王对大秦要与其结盟之事持怀疑的态度，不予接受。为此，芈月决定亲自出使楚国见一下楚怀王，协商联盟事宜。嬴稷顾及芈月的安全，极力地阻止，但是芈月为助嬴稷完成大业，毅然前往。

昭襄王元年，大秦太后芈月亲自出使楚国，楚怀王大喜，以为楚国联合其他各国伐秦吓着了秦国，甚为得意。而且，楚怀王一直以来对芈月都有所眷恋，当年若不是以大局为重放她入秦为妃，指不定会将她纳入自己的后宫之中。如今，芈月亲临楚国，并且带来了十二分的诚意，让他得以与自己心心念念的美人共享一夜温柔之乡，楚怀王讨到了如此大的便宜，自然是再无拒绝秦国联盟的理由了。且在芈月的极力游说之下，楚怀王还将自己的孙女嫁给了秦昭襄王为妻。

见秦楚两国两度联姻，韩、魏两国自然对合纵之事失去了信心，四国合纵大秦之势便被芈月巧妙地给瓦解了。这是芈月自嬴稷登基以来所打的第一场漂亮仗，之后还有很多场硬仗在芈月的谋略之下大获全胜。

芈月就是这么一个"理想未实现，就奋斗不止"的人。

<hr />

立下志向，行动起来，奋斗，奋斗，再奋斗，才能使自己的人生时时处处都充满着希望。

人生没有经停站，现实永远都是一个新的出发点。人唯有一直保持着奋斗不止的姿态，才能证明生命的存在，才能让自己不断地向高处进军，向人生的巅峰攀爬而去。

有位设计师朋友在一次新设计开发会上洋洋洒洒地述说着自己的最新设计，她用了大量的理论和设计图证明了自己的设计是多么完美，她甚至大言不惭地说那些奢侈品牌的钟表都没她的这个设计出彩。在座的各位同事对于她的设计似乎都很满意，不停地点头表示赞同，只有她的直属上司微皱着眉头。待她的发言完毕后，她的上司只说了一句：这个设计不予采纳，我是不会将其报送到总公司进行开发的，散会！

可是年轻气盛的她却不服，会后径直进了上司的办公室问她自己的设计到底哪里出现了问题，为什么她不接纳自己的设计呢？如果自己的设计真有什么问题的话，她可以去修改去完善的，只要上司能给她的这个设计一个面市的机会。

她的上司让她坐下，递给她一本自己收集整理的顶级奢华的钟表设计图，缓缓地说："为什么这些在你眼里看似设计都不够完美不够时尚的钟表却能拥有那么高的销量呢？不是因为钟表本身，而是因为钟表的设计师！这些设计师又为什么能够设计出人们争相购买的钟表，因为他们懂消费者，懂消费者的心理，他们设计出来的钟表完全符合消费者的身份和地位，有技术，更有品位！你的设计看起来是很完美，但是华而不实，会有市场吗？年轻人，要想成为一名名设计师，是不容易的，回去好好地思考思考吧！"

也就是说，朋友的这个设计本身没有问题，有问题的是她！她根本就不懂消费者需要什么，不懂得什么样的钟表才会受到追捧。所以，接下来的日子，她要做的，除了奋斗，还是奋斗！除了学习，还是学习！

由于公司的设计师都比较年轻且没有名气，所以公司花重金去购买名设计师的设计图来生产钟表去销售，她正好利用这个机会去近距离地接触大师的作品，阅览名师的设计图，从中寻找到设计的精髓点。节假日里，她还会飞赴世界各地去看钟表展，去一些名设计师会出现的活动去跟他们进行接触，以便"偷师"。

通过多年的努力，她终于成为国内著名的钟表设计师，她设计的钟表太受人欢迎了，很多大公司都争着购买她的设计图。

在一次接受记者的采访时，当记者问她怎样才能从一个无人问津的小钟表设计师蜕变为一个人人都很崇拜的大钟表设计师，她是这么回答的："彩虹在与狂风暴雨经过一番恶斗之后，才变得那么绚烂多姿；秋叶在与寒霜经过一番争斗之后，才会变得那么鲜红亮丽；雄鹰也是在与悬崖进行了一番恶斗之后，才能展翅高飞的。而我，自然也是经过一番风雨的洗礼，经过多年的奋力拼搏，今天才能够站在这里接受你们的采访。"

是的，任何辉煌灿烂背后，都掩藏着鲜为人知的艰苦奋斗。

人，只有一直保持着昂扬的斗志，保持着奋斗的姿态，不畏艰难困苦，不畏沼泽泥泞，才能到达成功的彼岸，才能攀登到人生的顶峰，触摸到那一片最广阔的天空，采摘到那一颗最闪亮的星。

／人生没有经停站，现实永远都是一个新的出发点。人唯有一直保持着奋斗不止的姿态，才能证明生命的存在，才能让自己不断地向高处进军，向人生的巅峰攀爬而去。／

4. 燕国为质，回归平淡

心若有所求，求不得，就会痛苦，会烦恼，会忧心，会郁郁寡欢。心若无所求，求不得，淡然看之；若是有所得，必然会觉得是意外的收获，会惊喜，会感恩，会酬勤，会泰然处之。

心无所求，万物皆空，身心放松，才能储备更多更大的能量，在必要的时候一股脑儿地爆发出来，将自己带到一个人生的高度。

人生百味，情最浓；人世繁华，淡最真。芈月从义渠王的军营回来，秦惠文王一直不肯见她，她便隐约感觉到，这一生，恐怕再难与秦惠文王相见了，她跟秦惠文王的情与爱，或许就在秦惠文王冲她大吼，让她去义渠的那一刻便已然消散。那一刻，什么理想抱负，在芈月看来，都不过是浮云，她想要的，一直都是一个坚实的臂膀、一个温馨的港湾，然而，秦惠文王给不了她。

所以，当秦惠文王让她带着嬴稷去燕国当人质时，芈月头也不回地去了，大秦后宫的明争暗斗，战国时期的战乱时局，于她而言，再无关联了，她要做的，就是安安心心、平平淡淡地将嬴稷抚养长大。

义渠王一直以来都对芈月情有独钟，在得知她被送到燕国的苦寒之地受苦时，他心疼地前去寻找。当他看到芈月在乡野之中一身农妇的打扮时，颇为惊讶，真没想到万分迷人的秦国王妃竟然将华服换下，裹上了粗布衣裳，他心疼不已。

"何苦如此为难自己？当晚，若不是你以死相胁，我断然不会让你回大秦，然后再被大秦丢到此荒郊野岭受苦受难。"义渠王不忍看到芈月受苦，要带芈月和嬴稷回义渠，但是芈月毫不犹豫地一口回绝了："我不知道你们男人把我们女人当成什么，是维护和平的工具呢还是传宗接代的工具，总之，我，芈月，住得了王宫，也住得了乡野，这儿挺好的，我喜欢这里的淡然，平平淡淡才是真，打打杀杀都不过是过眼云烟。"

"那日，你不是口口声声说要回大秦保护你的孩儿吗？你不是一直都希望他能够继承大统吗？这会儿怎么就甘心在这荒凉之地扎根了呢？"义渠王怕芈月因一时之气而拒绝她，故劝她，"孩子还小，经不起风浪，吃不了多少苦的，带着他跟我回义渠吧，做我的王妃，我保证，会像对自己的亲儿子一样对待嬴稷！"

"呵呵……"芈月笑了笑，道，"我跟你还没私情的时候，就被惠文后诬蔑成与你有私情，在我被秦惠文王送去义渠军营被你强占之后，想必那惠文后便更会搬弄是非了。如若我这会儿再带着嬴稷跟你回义渠，断然不知会被惠文后说成什么样，指不定连嬴稷是你我私通所生的谎言也都编得出来。我这辈子，恐怕是无福做你的义渠王妃了，在这荒凉之地做个平凡的农妇也就罢了吧。"

义渠王犹豫了片刻，然后才缓缓地道："既然你不想去义渠，也罢，你心里终究是装着秦惠文王的，既然你那么为他和大秦着想，那就回大秦吧。只要不让你在这儿受苦，我愿意亲自将你送回大秦。"

芈月还是摇摇头，道："这里好安静、好纯朴，在这里生活了些日子，算是想明白了一些事吧，以前太天真，以为嫁个好人家便会有好日子过，可是嫁入秦宫之后，不仅要讨得王上的欢心，在宫里还得时时留心，处处留意，一个不小心就会被别人抓住痛脚，轻则被扫地出门，重则人头落地，那样的日子，我过得好辛苦，还是这里好啊，起码没有争斗，没有硝烟，可保我跟嬴稷周全。"

如今的芈月，心无所求，只要自己跟嬴稷能好好地活着就好。正是这样淡然的心态，使她和嬴稷在燕国的日子过得比较轻松闲适，让母子俩能够养精蓄锐，以应对未来的大挑战。芈月也正好利用那段时间对嬴稷进行培养和教育，嬴稷良好的君王气质都是在那段时期里磨炼出来的。

人，只有无所求了，才不会受到万象羁绊，才会了无牵挂，才会行也从容，坐也从容，从容得优雅，从容得心无旁骛，从容得淡定自然。

孙末就是这样一个心无所求之人。认识孙末，是因为《广州日报》一篇《孙末淡到高处心无所求》的文章。

孙末，何许人也？当代中产写作的著名代表人物，一位通才型作家。已出版长篇小说《寻花》《我爱德赛洛》，随笔集《女性主义者的饭票》，心理学读本《我们这个时代的病》等十部著作，在报刊上写专栏，探讨爱情和人性等问题。

孙末5岁开始阅读世界名著，7岁在报刊上发表文章，19岁加入作协，出版了3本书，大学时在报界兼职，毕业后在电视台待了6年，然后变身总经理经营电视公司。可是兜兜转转，在人生路上走了一大圈之后她又回到了写作这条路上。用孙末的话说："写作是一辈子的事，看不到尽头。"为了在这条看不到尽头的路上走下去，她广泛地涉猎，对财经、情感、心理学、西方哲学等均有研究，很多时候她都是一边阅读一边敲击着键盘，完全沉浸于那种简单的快乐之中。

采访她的记者说："和她聊天，她永远在人的意料之外，一会儿是专业的婚恋专家，一会儿是永远在路上的旅行者，一会儿是研究心理与哲学的思考者，一会儿又是心藏天真的孩子。她，永远叫人吃不透。"

这个叫人吃不透的女生，身上有一种令人难以抵御的奇异的魅力。正是她的这种魅力使她拥有了近乎无瑕疵的人生：保送上复旦大学新闻系，在报社兼职做记者，大学毕业后抱着看世界的梦想进入电视台，做得风生水起，拿奖无数，似乎随时都可以拿了行李直奔采访的第一现场。

可是电视台的工作终究不是她终其一生的职业。2001年，她获得了一家大型国有企业几百万元的投资，从电视台辞职当上了一家电视制作公司的总经理。从电视台的"小孙"变成了"孙总"，孙末剪短了头发时刻处于冲刺状态。然而，一次应酬喝酒喝到胰脏破裂，躺在医院的她思前想后，最终做出了辞职的决定而回归文字世界。

她丈夫是一名律师，自己也挣着不菲的稿酬，算得上是中产阶层的一员吧，于是，她将自己平时观察到的上流社会的生活点滴艺术化，融在一段段精彩的词句中，满足了平凡人窥视富人"纸醉金迷"生活的渴求，创作出了《奢华秀》《富人秀》两本小说，稳稳地将"中产写作"的头衔扣于自己头上。所谓"中产写作"，就是在看似香艳无比的文字背后反映着一个新兴阶层寻求精神归属的向往与思考。

表面上孙末是个"中产阶级"，其实她的生活作风和生活方式完全异于"中产阶级"。她不爱照镜子，不爱拍照，也不爱化妆，甚至于不穿高跟鞋，不喜欢逛街购物，不追看偶像剧。而奢侈品对她来说更是一个负担，朋友送的几万元的包包和手表她完全不用，她不喜欢那种难侍候的东西，她喜欢洒脱的感觉，但同时她又是一个有点偏执的有点自闭的宅女。

她心无所求，她云淡风轻，她自然洒脱。或许正是她的那份无所求的人生态度，使她收获了不一样的人生吧！

人，只有带着无所求的心态去有所求，才能够有所得，才能够满载而归。

/心无所求，万物皆空，身心放松，才能储备更多更大的能量，在必要的时候一股脑儿地爆发出来，将自己带到一个人生的高度。/

5. 甘土闯祸，公正审判

但丁曾经说过："测量一个人的力量的大小，应看他的自制力如何。"

自制力是一种约束自我行为的能力，是人顺利通过悬崖边的安全屏障，人若是没有了自制力，就失去了一定的判断力，分不清事情的轻重缓急和是非黑白，只知道根据自我的需求和欲望来做决定、做选择，如此一来会使自己在欲望的泥沼中无法自拔。

高尔基也曾说过："任何一点自己的控制，都呈现着伟大的力量。"自制力是每一个成功人士所具备的必不可少的素质之一。

义渠王死后，芈月的心一直空落落的，这个男人在她心里所占据的位置，是旁人所无法理解的。

不知道是不是因为太怀念义渠王了，是日，芈月跟魏丑夫在街市上闲逛时，居然看到了一个相貌与义渠王有几分相似的男子，此男子名叫甘土，是个街头卖艺耍大刀的。芈月看到他的第一眼，便暗生情愫，将对义渠王的爱转嫁到了他身上。于是，芈月把甘土带进了宫。

甘土本就是一个粗人，即使进了皇宫，性子也改不了。他仗着得到了芈月的宠幸而在宫里横行霸道，虽说芈月因他长得像义渠王而对他一片深情，但是甘土扰乱后宫的秩序，蛮横无理，芈月还是秉公办理，狠狠地给甘土吃了个大巴掌，警告他不要再那么肆无忌惮。

受到警告的甘土，确实是老实了一段时间，但是江山易改本性难移，没过多久，甘土就又欺负宫中的宫女侍卫，对宫女侍卫不仅呼来喝去的，有时脾气来了，还直接对他们拳打脚踢，弄得宫女侍卫个个都对他深恶痛绝，这事不知怎么就传到了秦昭襄王的耳朵里。

秦昭襄王因芈月手握军机大权，对她还是有几分敬畏的，但是对于甘土此人，他并无好感，而且对此人自以为是的行为极为厌恶，认为是母后芈月太过纵容他了，长此以往，真不知会发展到何地步，故来到芈月寝宫，委婉地将甘土所做之事跟母亲说了，希望母亲能够好好地提醒他一下，凡事不要做得太过分，毕竟他的身份有些敏感，不适宜在宫内如此张扬。

芈月自然完全领会了秦昭襄王的话，她便当着秦昭襄王的面将甘土叫来，让他当着秦昭襄王的面认错，虽说甘土是个刚烈性子，但是在王上面前，他还是有几分害怕的，故老老实实地认了错。别以为芈月如此就罢了，她还"赏"了甘土几棍杖，芈月是个超级有自制力和自控力的人，为了大秦的基业，完全可以牺牲掉自己的私人感情，不管自己有多爱眼前之人，她都绝对不会徇私。

对义渠王如此，对甘土也如此。

某日，甘土酒后在大街上与一少年比武，竟然活生生地把对方给打死了，激起了群愤，众人将之团团围住，不让其离开。甘土借着酒意胡说八道，竟然搬出自己与宣太后芈月的关系以求解脱。

芈月知道了之后十分生气，差人把甘土带到她跟秦昭襄王跟前，一记重重的巴掌打得他酒醒了七八分。芈月问他知不知罪，知不知道按照大秦律法，杀人者必然要偿命，甘土倔强地答不知，他还说自己并未有错，因为与人比武，拳脚无眼，生死有命。既然这样，芈月再无话可说了。正巧这时秦昭襄王来了，芈月将甘土交给他，任由他发落。

事情闹得如此之大，秦昭襄王想按律法处置甘土，又怕芈月会阻止，故不知如何是好。芈月猜到了秦昭襄王心中所想，只说了句"治国者，必然要自律自控，我自认为我能做到公私分明，赏罚分明，不知道王上可否做到"便走了。秦昭襄王早就想拔掉甘土这个眼中钉了，既然芈月都这么说了，秦昭襄王自然是不客气了，将甘土给正法了。

虽说芈月是个女子，而且还是个情感丰富的女子，但是她时时都保持着一定的自制力，绝不让自己行差踏错。

～～～～～

自制力是一切美德之本。没有自制力的人，就像匹脱缰的野马不受控制，使自己做出一些令自己遗憾甚至是悔恨的事，到时候再来后悔，再来内疚就太迟了！

40年前，斯坦福大学心理学教授米切尔做了一个考验自控能力的棉花糖实验，十几年后，研究者发现那些通过考验的孩子成年后更加成功。多年来，心理学教授一直认为智力是预测人生成败的最重要因素。但米切尔认为智力其实受制于自我控制力，"我们无法控制这个世界，但我们可以控制自己如何去看待这个世界。"

20世纪60年代末，卡罗琳·威茨当时还是一名4岁的小女孩，她被邀请到斯坦福大学比恩幼儿园的一间游戏房。房间比橱柜大不了多少，里面摆放着一张桌子、一把椅子。有人叫卡罗琳坐在椅子上，从桌子上的盘子里挑一块零食，盘子里装着棉花糖和曲奇饼干。卡罗琳挑了一块棉花糖。一名研究者对卡罗琳说：她可以选择现在就吃一块棉花糖，或者等他出去一会儿，当他回来后，她可以得到两块棉花糖。在他出去期间，如果她等得不耐烦，可以摇桌子上的铃，他会立刻返回，那么她可以立刻得到一块棉花糖，但必须放弃第二块。说完，他离开了房间。

虽然卡罗琳对这次试验并没有清晰的记忆，做实验的科学家也拒绝透露关于实验对象的信息，但她有强烈的感觉，自己选择了等待，吃到了两块棉花糖。"我很擅长等待，"卡罗琳告诉我，"给我一项挑战或一个任务，那我一定会找到方法去完成它，即使意味着放弃我最喜欢的食物。"她的母亲凯伦·索廷诺更加肯定："还是小孩时，卡罗琳就很有耐心。我肯定她选择了等待。比卡罗琳年长1岁的哥哥克雷格也参加了同一个实验。他完全没有表现出妹妹的坚韧。他对那个实验倒是记忆犹新："在某个时刻，我突然想到房间里只有我一个人，谁会知道我究竟拿来多少糖果？"克雷格说他还参加了另一个类似实验。不过诱惑物换成了玩具。有人告诉他，如果等待就可以拿到两个玩具。但他偷偷地打开了桌子。"我把里面的玩具都清空了，"他说，"我拿走了一切。在那之后，老师告诫我说再也不要进去实验房间。"

这些实验的录像非常有趣。在短暂的等待期间，孩子们的表现千奇百怪。有的用手遮住眼睛，转过身，故意不去看桌上的盘子。还有的不安地踢桌子，或拉扯自己的头发。一个留着小分头的男孩，小心翼翼地扫视了周围一眼，确定没有人在看他，于是伸手从盘子里拿出一块巧克力夹心饼干，掰开后舔掉中间的白色奶油，然后再把饼干合起来，放回盘子，脸上露出得意的笑容。

多数孩子像克雷格一样，他们无法抗拒眼前的诱惑，连短短3分钟也等待不下去。"有几个孩子，不假思索，立刻就吃掉了棉花糖。"主持这次实验的米切尔说。"他们根本没有考虑过等待。多数孩子会猛盯着棉花糖，大约30秒钟后觉得等不下去了，于是摇铃。只有约30%的孩子，像卡罗琳一样，成功等到实验者返回，有时候要等上15分钟。"

很多人就如同实验中的孩子们一样，自我控制能力很差，禁不住各种诱惑，从而酿成大错。

而当今社会，就是一个充满诱惑的世界，如果你抵挡不住诱惑，你就将会成为诱惑的奴隶，被诱惑所淹没；如果你能够抗拒诱惑，并且保持自我，你就能做好自己的事，成就快乐幸福的自己。

/ 人一定要具备一定的自制能力，不能让自己美好的一生毁在自我的放纵之上，要用强劲的自制力理智地控制自己的情感和规范自己的行为，那样才有可能踏上成功之路，才有可能拥有美好的人生，幸福的生活才不会离你太远。/

6. 博览群书，培养嬴稷

我国著名的教育家徐特立曾说过："在当前现实的狭隘基础上，有高尚理想，全面的计划；在一步一步行动上，想到远大前途，脚踏实地稳步前进，才能有所成就。"

脚踏实地，是一种难能可贵的品格。心比天高却不安于脚踏实地者，是没有根基的浮萍，终会消逝在时代的竞争大潮之中。在现今竞争如此激烈的大千世界之中，我们需要用脚踏实地的品格去实现我们的梦想，需要用实干精神来完善自我，需要用实践来成就自我。

人，只有戒骄戒躁，脚踏实地，勤勤恳恳地努力拼搏，才能搭好通向理想的阶梯。

芈月在跟随张仪去往秦国的路上，就向张仪打探过有关秦惠文王的事。张仪告诉芈月，秦惠文王是一个胸怀大志之人，对战国动荡的时局颇为忧心，一心想要打破这种战局，将战乱变为和平，将多国林立变为一国统一。

在对秦惠文王有了大概的了解之后，芈月下苦功夫的时候便到了。

要侍奉这样一个大英雄，芈月觉得自己这个从乡野之地来的黄毛丫头，见识不广，思虑不周全，根本就难以走进他的心里，如若侍奉不周的话，得不到宠幸还算好了，要是惹怒了秦惠文王，说不定还会人头落地，连累她的娘家弟妹呢。所以，为了稳固自己大秦王妃的身份，为了稳固自己在秦惠文王心中的地位，芈月每日只要一有空闲时间便会读书写字以及思考，什么战略决策，什么治国方略，总之，只要是能提升自己能力的书籍，她统统都会认真地去阅读，有不懂的地方就去问张仪，有时还会拿自己遇到的难题去请教秦惠文王，秦惠文王见芈月如此的勤奋，不禁更加地欣赏和疼惜她了。

有一次魏冉又撞见芈月在挑灯夜读，便好奇地问她："你已贵为大秦王妃，动动手指开开口就有人前拥后簇的，何必那么辛苦读书啊？"

可是芈月却说："一朝变凤凰之事简直是妄想，只有脚踏实地，一步一步地走，一点一点地积累，才能有朝一日成就一番事业。"尽管那时芈月心中并未想过将来要当太后，要垂帘听政，但是身在那个战乱时代，身上没有多一些智慧才能的话，必然难以长久地立足下去，芈月深知这一点，故一步一个脚印地充实自己，提升自己。

芈月在带着嬴稷在燕国为人质生活在楚都的郊外时，没有战乱，没有后宫争斗，日子过得是那么轻松那么淡然，正好使她有足够的时间继续博览群书。同时，她还把自己这些年所学的谋略知识和技能传授给嬴稷。

那段日子，确实给了芈月和嬴稷一个休养生息的好时机，可以说，芈月大智大勇的政治谋略以及嬴稷的君王才能也是在那个时期形成的。

芈月之所以能够成为我国历史上第一位临朝执政的太后，绝非因为她的命好生了个秦昭襄王，而是靠她脚踏实地、一步一个脚印地走出来的。若非她如此勤奋刻苦地钻研战略兵法，若非她一步步地向着目标坚定而勇敢地迈进的话，即使她凭着秦昭襄王的生母身份掌握军机大权，也未必能够带领着大秦从弱秦走向强秦。

❧

台阶，是一层一层筑起的；路，也是一步一步走出来的。

人，只有脚踏实地地去干，勤勤恳恳地去做，才能够触摸到绚丽多彩的星空，采摘到那闪亮的星。

有个小师妹叫李雨健，是一个活泼开朗的女生，喜欢参加各种各样的活动和运动，爱跑爱跳，且特别迷恋舞台。

雨健有一个很特别的喜好，那就是每天都把自己打扮得漂漂亮亮的，且穿衣风格多种多样，今天可能穿着很可爱的衣服，明天就很有可能变了个样，穿得很知性或是很妩媚。在同学们眼中，李雨健就是个不折不扣的"潮流女"。

为什么李雨健会有这样的爱好呢？这跟她的专业有关。雨健学的是服装设计与工程专业，她想做一名服装设计师。她每天变着花样穿的漂亮衣裙，都是她利用课余时间自己做的，一来可以满足自己的爱美之心，二来可以巩固自己的专业知识，提高自己的设计能力。

为了能够实现做服装设计师这个梦想，雨健除了在业余时间自己动手做服装外，她还常常到服装市场上看服装行情，看服饰的流行趋势，为自己找设计方向，找设计灵感。

作为一名服装设计与工程专业的大学生，雨健深深地体会到大学生购买服装的艰难，便宜的服装看不上，高档的服装买不起。加上现在的服装市场上又没有专门为大学生开设的服装专卖店，而专卖店里面出售的一些适合年轻人穿的休闲服装，又几乎成为大学生"校服"的代名词。所以雨健在综合分析了这个现状之后，决定开设一间专为大学生服务的服装店。

于是，雨健在所在的院系申请了一笔创业资金，然后又找了可以相互信赖的投资者来投资，在学院的创业园里租了个小门面开了一家服装店——"如衣阁"，设计、制作和销售物美价廉的服装、鞋、帽、包等能展现大学生个性的服装及饰品，以接单的方式承接服装及服饰品的设计、制作以及修改，使她在不断地为顾客制作各类服装的过程中充分发挥自己的想象力，不断地提高自己的服装设计能力。

自从"如衣阁"开业以来，雨健的课余时间基本上都是在店里度过的，不是接订单就是做订单，忙得昏天暗地的。尽管很辛苦，但是她学到了很多销售知识，掌握了很多与人沟通、交流的技巧，对大学生服装市场的需求和消费者心理有了一定的把握，这对她的管理能力、创业能力、沟通能力和专业素养的提高都具有很大的帮助。

"脚踏实地，一步一步地来吧，先不断完善服务水平，提升店员的专业水平，保证订单生产的质量，之后再不断地开阔市场，把牌子打响，把市场延伸到校外。"雨健对"如衣阁"具有很大的期望，但同时也深知，要想在服装行业里闯出名堂来，务必要经历一番艰难困苦的磨炼，她已经做好了迎接各种困难与挑战的准备，她深信，"只要我勤勤恳恳，踏踏实实地做好每一件服装，相信总有一天我会成功的，由我设计并命名的品牌会跟广大消费者朋友见面的"。

是的，人只有脚踏实地、认认真真地去做每一件事，人生之路才会越走越顺，越走越宽，越走越稳，最终才能到达成功的彼岸，采摘到胜利的果实。正如李大钊所说的："凡事都要脚踏实地去作，不驰于空想，不骛于虚声，而惟以求真的态度作踏实的工夫。以此态度求学，则真理可明，以此态度作事，则功业可就。"

/ 人只有脚踏实地、认认真真地去做每一件事，人生之路才会越走越顺，越走越宽，越走越稳，最终才能到达成功的彼岸，采摘到胜利的果实。/

135

7. 走出内乱，弱国变强

　　成功的路上风雨同行，只有勇者才能披荆斩棘，才能跨越坎坷泥泞，因为胆量是使人从平凡跨越到优秀甚至是卓越的最关键一步。

　　当代社会竞争如此之激烈，一个人若是没有勇气去接受人生的挑战，不敢于放手去拼搏、去尝试、去奋斗的话，不仅收获不到成功的喜悦，还必将会被时代所抛弃。

　　生活其实就是一艘船，我们每个人都是船上的舵手，是把它驶向浩瀚的大海，还是停泊在狭小的港湾，完全由我们自己掌控。身为舵手的我们只有具有冒险精神、奋斗的勇气，才能将船驶向欢乐的海洋、幸福的港湾。

　　芈月是一个十分具有冒险精神的"航海家"。

　　公元前299年春，楚怀王前往武关欲与秦昭襄王会晤签订盟约。可谁知，这是个大陷阱，是芈月一早便设计好的欲挟持楚怀王的计谋。

　　楚怀王到了关门前，远远地看到一个戴着秦王王冠的人向他招手，楚怀王不知是计，带着一万兵马大摇大摆地入关了。待他一入关内，关门即刻便关上了，他这才感觉到有些异样。

　　可是已经来不及了，秦昭襄王的同胞兄弟嬴悝故意扮成秦昭襄王的样子引楚怀王入关，之后便将他带进来的一万士兵杀个片甲不留，只留下楚怀王一个活口。

　　被生擒住的楚怀王被带到了芈月和秦昭襄王跟前，他一看到芈月便一脸怒气地呵斥道："宣太后，你就是这样对待你母国的王的？"

　　芈月笑了笑说："为了今日，我不知道下了多少苦功夫，冒了多少次险。"

"难道说，这些年你一直都在处心积虑地要霸占我们楚国的国土？你们大秦，根本就无心跟我们楚国结盟？"楚怀王的猜测不假，芈月上台之后，先是盟楚破坏齐国、楚国、韩国、魏国四国合纵，接着伐韩魏而救楚，然后又联合韩魏而孤立楚，最后伐楚，迫使楚国来武关向大秦求和签盟约，这一切的一切，都是芈月下的一盘棋，一盘吞并消灭楚国的棋！

芈月微笑道："盟楚只不过是为了弱楚罢了，楚弱了，之后的事情就好办多了！"

"之后的事？难道，除了我们楚国之外，你还想要占领韩、魏等国？你想在吞噬了我们楚国之后吞噬三晋，然后就是燕齐，而最终得以统一天下？"楚怀王的心"咯噔"了一下，眼前的宣太后，不再是那个乡野丫头了，也不再是那个能在闺房之中让人醉生梦死的温柔女子了，她太有野心了。

芈月"哼"了一声，不答，只说了句："念在我大秦与你楚国一向友好且又有姻亲关系的份上，我且留你一命，但，你们楚国必须割地予我大秦！"

"这盘棋局你是设得真好，一步一步地让我跳进去，真是好生让人佩服！但，你就不怕万一有个什么变数，毁了你一盘好棋吗？"楚怀王不甘心就此割地求和，然而，深陷囹圄的他，又能怎样呢？只能动动嘴唇，过过嘴瘾罢了。

"成与败，仅在一线之间。不去试，又怎么知道不会成功呢？这个险，值得冒，也必须冒！"芈月微微扬了扬嘴角道，"成大事者，必然要有冒险精神，否则，将一无所获，一事无成。"

❧❧❧

岁月不会因我们胆怯而停下脚步，时间也不会因为我们犹豫而停止转动。我们只有敢于拼搏，敢于冒险，敢于迎风破浪，才会有所收获，才能到达成功的彼岸。

前两年受一家杂志的邀约拍摄一组封面照片，拍摄前夕，跟责任编辑沟通了很久都确定不了拍摄风格以及拍摄服装，甚至于在拍摄前夜还在彻夜深谈都定不下来。

第二天，我跟责编硬着头皮来到拍摄现场，当时我们已经做好了"今天可能拍不了"的心理准备了。可是结果出乎我们的意料，造型师燕子似乎早就设想好了，一看到我出现，立马对我进行一番"梳妆"和"打扮"。

燕子给我选了一套清新自然的T恤加牛仔，给我戴上一个超大的耳机，然后把背景布置成一个图书馆，让我坐在一排排摆满了书的书架边上，一边看书一边听音乐，短短一个小时，就连化妆带拍摄都完成了，且拍出来的照片效果非常好，该期杂志一上市，就被抢购一空。

我跟责任编辑都很诧异！为什么摄影造型师会想到用清新自然做主题，会想到让我换上简简单单的T恤加牛仔置身于图书馆里拍照呢？燕子是这么回答我们的：穿礼服或套装出境的职业女性太普通，我们杂志的封面要能吸引眼球才能提高销量，那么我们就只有冒险去创新，去尝试拍出一个与众不同的美女作家。既然作家是写书的，那么在图书馆拍一组照片再合适不过了，之所以选择简单普通的服装，是因为我们事前了解过今天要拍的作家的年龄，标准的"80后"，很年轻嘛，所以……

一副妆容，一个表情，一件衣服，一个动作，燕子就可以把一个人深藏的美丽给挖掘出来。我不得不感叹，燕子真的是一个喜欢冒险的"魔法师"！她能将不同颜色的服装搭配出各种不同的视觉效果，将各式各样的饰品搭配在不同风格的服装上显出各种风情，将色彩和款式各异的丝袜和高跟鞋配上她设计的多变的发型现出不同的韵味，能用更张扬更个性的造型设计来表现不同风格的人物魅力。

"我比较爱冒险，那些看似不搭或是难搭的，我都会去试一试，很多都试出了不一样的效果。"燕子说，"在造型师这一行，没有冒险精神和创新精神的话，根本立不了足。"所以，燕子在造型设计上很放得开，完全不受任何定性思维的束缚，任由自己自由发挥，大胆地配色，大胆地配物。

确实，造型师是一个很富有创造性的职业，它充满了生命力，绚丽多彩，就像魔法师一样能施展魔法将人的美丽用不同的造型表现出来，燕子很享受这样的工作，但是在享受的同时也不免有些担忧，这份职业的创新性和冒险精神实在是太强了，每一天都会有新的创意新的构思冒出来，"只有不断地提高自身的专业素质，提高自身的创新能力，才能在这个行业里立足，才能得到顾客们的信任。"因此，燕子也一直都在加强学习，将能自由支配的业余时间都用在研究最新的造型设计上，用在学习国内外顶尖的造型设计师的设计上，用在看时尚杂志、时尚时装大片和一些国外的舞台剧以及许多电影文艺片上，且她在看的同时还会将舞台剧和文艺片的造型进行有针对性的比较，让自己尽可能地去感受造型的整体性、色彩的搭配、人物和场景的融合度以及主题、气氛的渲染等，希望自己平日里学习积累下来的东西可以让自己具有更多的冒险的机会，生出更多新的灵感，做出更多新潮的独具个性的造型设计。

"不入虎穴，焉得虎子。"漫漫人生路，荆棘、风雨、灾难在所难免，如果我们不敢冒险穿行的话，就只能永远地在原地踏步而无法前行。

生命其实就是一场冒险的旅行，走得最远的那个人，往往就是那个最敢于冒险的人。

勇于尝试，敢于冒险，才能创造出生命的奇迹，才能成就自己一生的辉煌。

/岁月不会因我们胆怯而停下脚步，时间也不会因为我们犹豫而停止转动。我们只有敢于拼搏，敢于冒险，敢于迎风破浪，才会有所收获，才能到达成功的彼岸。/

第五章

铁血传奇　芈月的隐忍与刚强

芈月说

"未遇见秦王之前，
月儿只是看重儿女之情，
白水鉴心，清澈如溪，
结识秦王之后，才知这世上，
还有另一种高岸深谷的情意。"

1.情窦初开，有缘无分

世间，有一种情感，洁白无瑕，朦胧甜蜜，淡而芳香，神秘莫测，有辛酸，有苦楚，有悲壮，也有遗憾，它深藏于人心底最柔软的地方，叫人永世难忘。因为它来的时候，我们都不懂得爱，不懂得生活，它像是手中的沙，握不住，易流失。

这种情感，叫作"初恋"。绝大多数人的初恋，是一种停不下来的爱，也到不了要去的地方，那我们能做的，唯有忘记。

佛曰："万法皆生，皆系缘分。"既然我们有缘相遇却无缘相守，那就选择忘记吧，忘记过往的重重，才能更好地拥抱未来的美好。

芈月生命中所遇见的第一个令她心动的男子是战国时期和齐国孟尝君田文、魏国信陵君魏无忌、赵国平原君赵胜合称为"战国四公子"的春申君黄歇。

芈月与黄歇青梅竹马，在那战乱的年代，四处动荡不安，小芈月就这样跟在黄歇身后，被他保护着，被他疼惜着，她喜欢看他读书的样子，喜欢听他说话的声音，喜欢他的一切，他的一言一行在她的心里，都能激起阵阵涟漪。

当芈月渐渐长大，她便开始忧心，因为她深知，生于贵族之家的黄歇，在家族没落之后，肩负振兴家族的重任，他今后必然会娶一个有家世有背景的能够助他完成家族使命的妻子，而以芈月的身份，应该不会是他妻子的第一人选。何况，黄歇又是一个温柔多情之人，芈月这辈子恐难成为他生命中唯一的一个女人。

事实也是如此。黄歇身边似乎从不曾缺过女人，且他为了家族，为了楚国，曾多次放弃对芈月的感情，使芈月对他一次又一次地失望，最终，她看淡了这份感情，寻到了合适的时机嫁到了秦国为妃，将她与黄歇的那段情，永远地甩在了心门之外。

至于黄歇，他对芈月确实是付出过真感情的，即使芈月先是嫁给了秦惠文王，后来又跟义渠王在一起，他还是对她有所眷恋。黄歇真的曾经想过要跟芈月厮守在一起的，只是残酷的现实，让他不得不一而再再而三地牺牲对芈月的感情。当他蓦然回首，发现自己最爱的依然是芈月，最想得到的还是芈月时，他便去秦国找她，让她忘掉一切芥蒂，跟他重新开始。

芈月却对他说，覆水难收，过去的，都过去了，他们之间的感情，只适合存在于纯纯的少年时期，当两人已然长大，彼此追逐的梦想相差太远，根本无法寻找到一个统一点，如若勉强再在一起，终究也还是会落得个分道扬镳的下场。所以，她选择了忘记，忘记曾经在一起的美好，也忘记年少时彼此许下的爱的诺言，如今的她，只想好好地爱自己和孩子，只想助自己的孩子早日完成振兴大秦的使命。

黄歇不甘心，他做不了芈月的枕边人和保护者，便做了她这一生最大的敌人。他为保楚国，两次入秦都为人质，与芈月斗智斗勇，相互厮杀至死。

芈月曾感叹，"若不是我当年及早地放手，及早地忘却对他的感情，那么今日，当他成为我大秦的敌人之时，我将陷入两难境地。"

再美的爱情，如若走不到终点，那便不要纠缠，不要怀念，勇敢地放手，给自己的心一个喘息的机会，让自己的心腾出空间来重新去爱，重新开始一段新的感情。

❧⁓⁓⁓⁓❧

男孩深深地爱着隔壁班的一个女孩。高中的时候，他就按捺不住对她表白了，可是当时她坚定地对他说："如果你真的喜欢我，请跟我一起努力，等上了大学，我们就开始。"

为了女孩那句"等上了大学，我们就开始"，他没日没夜地学习，原本学习成绩不太优秀的他变得优秀起来，像一匹黑马蹿到了年级前十名，顺利地考上了名牌大学。

尽管女孩的高考成绩也不错，顺利地考上了理想中的大学，她也遵守当初的约定，做了男孩的女朋友，可是由于两人不在同一个城市上大学，只能靠手机和QQ保持联系，每年也就只有寒暑假的时候能够见见面，牵牵手。

就这样，两人谈了四年远距离的恋爱，眼看就要毕业了，可以一同回到家乡找工作开始天天见面的新生活了。

男孩很期待这场恋爱有个圆满的结局，也一直努力着，不仅自己拼命地往家乡的各大公司投简历，也让家人帮女孩物色一份好工作。

女孩知道男孩对自己用情至深，也知道男孩对他们的未来用尽心力，但是家乡那个小城市，她实在不愿回去成家立业。

当女孩把自己想留在就读的大城市"生根发芽"的想法告诉男孩时，男孩很失落，他只不过想跟他爱的人，在家乡有份稳定的工作，建立一个温馨的小家而已，怎么就那么地难呢？

他突然觉得天旋地转，觉得自己这么多年来的努力只不过是过眼云烟。一时沮丧的他，竟然做出了一个令他这辈子都遗憾的决定：跟女孩断了联系，独自回家乡。

回到家乡，男孩顺利地进了一家大公司，并在家人的安排下，迅速地跟一个家境、学识和相貌都还算出众的女孩结了婚，但是，他并不快乐，他常常会想起心中的那个女孩，常常会把她的照片拿出来端详，每每这时，心都会隐隐作痛。

女孩以为男孩需要一点时间冷静地思考，断了联系之初她并未在意，只一心一意地在那个大城市谋求好工作。

半年之后，当她顺利在那个大城市安了身，才拨了他的电话，可惜，那个号码早已被注销了。女孩这时才发现问题的严重性，辗转地找到高中同学打听他的消息和下落，得到的结果是，他回家乡工作了，女孩赶紧回家乡找他。

当女孩一身风尘仆仆地出现在他眼前时，他看到了一双充满深情的眼眸，看到了一颗急切跃动的心，他知道自己还是那么地爱她，知道自己还是想跟她在一起的，他也很想上前给她一个温暖的拥抱，很想在她耳边低语，告诉她自己对她的思念，可惜，他已为人夫，只不过，女孩还不知。

为什么这么久都不跟我联系，为什么一个人回家乡定居也不跟我商量一下，为什么不考虑到我就读的城市找工作，为什么……当女孩把累积在心中的无数个问题抛向男孩时，男孩没有回答，只是说了句：对不起，我结婚了……

"我结婚了"这四个字犹如闪电，直劈向女孩的心脏。

他等了她四年，她跟他远距离保持恋爱四年，八年的感情，经历过等待和考验的八年感情，竟然就这么无声无息地被粉碎掉了！

她不甘心！但是她又能怎样呢？她断不会去破坏他的家庭的。

他过得不好！但是他又能怎样呢？他断不会离弃家中那个温柔贤淑的妻子的。

就这样，本来有着亲密交集的两个人分道扬镳了，她回到了大城市，开始积极地工作，积极地相亲，很快便把自己嫁出去了，也很快便生了一个可爱的小宝宝。可是，她不爱自己的另一半，一直都感觉不到幸福，她每天都偷偷地思念着他，偷偷地从旁打听他的消息。

而他，事业越来越成功，家庭生活却越来越不顺。他的妻子感觉不到他对自己的爱，于是提出了离婚。

当她收到他离婚的消息，雀跃不已，当即向丈夫提出了离婚。丈夫让她看在孩子的份上，不要意气用事，不要任性，不要做出让自己后悔的决定。但是她心里念着想着满满的都是他，毅然决然地结束了自己的婚姻奔向他。

当她再一次风尘仆仆地出现在他面前，告诉他，她愿意辞掉大城市的工作回家乡重新立业，她愿意跟他组建一个新的小家，她愿意……

可是没等她说完，他就打断她说："可是，我不愿意。我们的爱带不了我们去到幸福的港湾，那就说明我们有缘无分，我不强求，也不再奢望。因为，我选择了忘记，我选择了从过去走出来。"

这时，她才明白，现实容不下她那份情。

受过初恋"殇"的人，只有从过去走出来，忘掉那带不了你去到你想去的地方的爱，才能敞开心扉去爱上另一个人而过上幸福快乐的生活。

／爱情再美好，也敌不过生活的复杂和现实的残酷。偶然相遇，蓦然回首，你已消失在茫茫人海。忘记你，才能想起谁，爱上谁。／

2. 宠臣相争，分辨是非

　　每个人都逃不过一个"情"字。

　　当一个人深深地爱上另一个人的时候，他的世界，他的人生，将会紧密地与对方联系在一起，有的甚至会因对方而改变，以至于失去自我的本真。这就需要用理智战胜情感，让自己做回自己。

　　当一段感情与生活现状、家庭背景或者事业发展相冲突，人们必须在二者之间取其一时，也必须用理智去战胜情感，让自己做出最优的最利于自己人生发展的选择。

　　理智，就像是躲在乌云背后的一缕阳光。我们要努力地将乌云拨开，才会看到希望的曙光，才能不被情感冲昏头脑。

　　芈月的生命中一共出现过三个让她魂牵梦绕的男子。第一个是春申君黄歇，二个是秦惠文王，第三个是义渠王。春申君黄歇跟芈月一起成长，芈月将自己最初的心动和最纯真的爱恋都给了他，可是他却伤芈月最深，所以芈月对他有怨也有恨；芈月在最美的年华里嫁给了秦惠文王，秦惠文王对她的爱，就像是兄长对妹妹一样，包容多一些，芈月的政治才华很多都是从秦惠文王身上学到的，可以说，秦惠文王既是芈月的爱人也是她的老师，芈月对他，敬重多过爱；而义渠王，他对芈月的爱最为热烈，也最为真挚，他的一生几乎都是在为得到芈月而努力，芈月从他身上，得到了最真实最热烈的爱情，然而，一个是秦国的太后，一个是义渠的王，两个人都有自己的国家要保护，两个人的性子又都是那么刚烈，就像是水与火，根本无法交融在一起。所以，即使芈月再爱义渠王，最终也会以大局为重。

原本，芈月对义渠王还是有所期待的，毕竟，她为他生了两个孩子，不管哪个孩子将来做了义渠的王，都会与大秦永葆友好关系，这必然威胁不到大秦一统天下的雄心壮志，然而，天意弄人，芈月与义渠王的孩子被一场瘟疫夺去了性命，将她跟义渠王之间的唯一纽带给掐断了。随着芈月一天天地衰老，她不得不忧心义渠王会不顾念两人多年的情分而在她百年归老之后起兵攻打大秦，到时秦昭襄王恐难招架得住，届时，大秦的一片大好江山便岌岌可危了。

一边是爱郎，一边是大秦的千秋大业，这天平的两端，芈月面临艰难抉择。一统天下，不仅是秦惠文王、秦昭襄王的梦想，也是芈月一生的追求，她不能让感情冲昏头脑，她绝不能因为一个男人而将自己的梦想打碎，她在有生之年必然要为大秦的统一大业肃清各种障碍。

于是，她用一杯毒酒夺去了自己深爱之人的性命，犹如自杀一般，用刀子深深地刺进了自己的心脏，疼，撕心裂肺般地疼，但她忍住了，她用理智战胜了情感，解除了大秦的后顾之忧。

❧❧❧

理智是一种抽象的概念，是人们经过社会实践后深思熟虑反映出的正确意识，而感情则是主观的未经过提炼的思想意识。如果单凭感情去对某一件事下判断做选择的话，很容易冲动和臆断，那么造成的后果就不堪设想。正如英国伟大的诗人、剧作家莎士比亚所说的："如果我们生命的天平秤上，一边没有'理智'的秤盘平衡另一边'情欲'的秤盘，那么我们身上下流的欲念就会把我们引导到荒唐透顶的结局。"

理智，能够让人在痛苦中鼓起勇气，在快乐中保持清醒。

理智，能够教会人正确对待真感情，在迷茫之中做出正确的选择。

英国著名的女性小说家简·奥斯汀，她从小便生活在英国的一个乡村小镇，由于家庭条件比较优越，她每天都过着比较舒适的生活，不是写作就是弹琴，非常有诗意，而她本人也很有文学天分，是当地小有名气的才女。

如果没有遇到勒佛罗伊的话，可能简·奥斯汀会嫁个好人家，过着幸福快乐的生活。然而，她遇见了他，一个来自爱尔兰的年轻实习律师。

勒佛罗伊初次与简见面，便很不客气地打断了简·奥斯汀的致辞，并评价其缺乏经验、矫揉造作，甚至还说她幼稚。简·奥斯汀对此十分气愤，于是在花园里再次与勒佛罗伊相遇时，与他发生了激烈的争吵，然而，在这次争吵中，两人竟然发现彼此的价值取向惊人地一致。之后，两人便开始有了交流。在相互交流的过程中，两人加深了对彼此的认识，以至于渐渐地产生了别样情愫。

当两人的感情急剧升温，欲步入婚姻殿堂时，却遭遇了简·奥斯汀舅舅的反对。简·奥斯汀的舅舅是勒佛罗伊的"经济支柱"，他就是靠着简舅舅的经济资助而完成学业的。简·奥斯汀不甘心这段感情就这么结束，向勒佛罗伊提出了"私奔"的建议。

勒佛罗伊没有拒绝，一心一意地要与简·奥斯汀私奔到一个无人认识的地方开始新的生活。然而，在私奔的途中，简·奥斯汀偶然从勒佛罗伊口中得知，舅舅对他的资助金，很大一部分他都用来贴补他贫困的家庭，贴补他的兄弟姐妹。简·奥斯汀十分震惊，一时之间竟然不知如何是好。

如果她继续跟他私奔的话，她的舅舅将不再资助他，那么他的一家老小将失去经济来源，他的学业也将就此画上句号，他就成不了律师或是法官，那是何等的悲惨啊？但是如果她不跟他私奔的话，一旦他们回到英国伦敦，他们的这段感情便会在舅舅的阻挠下灰飞烟灭，两人必将要永远地分开。

简·奥斯汀非常地难过，不管如何选择，其结果都是令人痛不欲生的。

后来，简·奥斯汀选择了回家，忍痛与勒佛罗伊断了联系，专心致志地在家搞文学创作，含着眼泪完成了《傲慢与偏见》这部享誉全世界的、照耀后世的经典之作。

很多年以后，身为英国赫赫有名的作家的简·奥斯汀在一次舞会上邂逅成了大法官的勒佛罗伊，两人相视良久，却相对无言。

简·奥斯汀从不曾后悔过当年的那个决定，若不是她的理智战胜了情感，及早地将那段感情放手，她恐怕成不了闻名于世的女作家，而他，也不会事业有成，家庭幸福。

如果人人都能够多一些理智，少一些感情用事的话，那么人们就不会有那么多的烦恼，不会有那么多的痛苦和无奈，也不用耗费那么多的时间和精力去淡忘，去疗伤。

/理智，能够让人在痛苦中鼓起勇气，在快乐中保持清醒；理智，能够教会人正确对待真感情，如何在迷茫之中做出正确的选择。我们务必要保持理智，不能让情感迷蒙了我们的双眼，使我们做出不理智的行为和选择。/

3.大局当前，忍痛割爱

很多时候，阻挡我们前行的不是大山也不是河流，而是一份真情、一份挚爱。

每个人一生之中都会遇到至少一个自己真心所爱之人，但是这个人，却未必能陪你走完这一生，未必是你成功的助推器，有些时候，他还可能成为你前行的绊脚石。如果，仅因为爱他，便苦苦地坚持着，苦苦地挣扎着，只为坚守一份感情的话，那么到头来，你失去的，将会是你辉煌的事业和你灿烂的人生。

人生在世，谁都希望自己的人生是精彩的，是辉煌的，是耀眼的，谁也不甘心平平淡淡、庸庸碌碌地过一生，那么，当爱情成为我们前行的绊脚石时，我们就要果断地舍弃，千万不能让爱情羁绊了我们前行的路，羁绊了我们有限的生命。

义渠王给了芈月一份至真至纯的爱，他有时能助芈月完成强秦之伟业，但是有时又制约着芈月心系的大秦的发展，所以芈月对他是爱之深也恨之切。

芈月第一次见到义渠王，是秦楚会盟遭暗算，义渠王将其和张仪等人掳走的时候。当时的义渠王杀气很重，芈月对他的第一印象不是太好，觉得他是一个狂妄自大的粗野之人，但是他大胆果敢、干练自信，又让芈月不免对他有些许的敬佩。不过，当时两人的交流算是敌对式的，芈月内心对他并无半点男女之情，然而，仅一面之缘，义渠王便深深地爱上了她，这便造成了两人之间剪不断理还乱的情感纠葛。

之后，义渠王多次起兵攻打咸阳，目的只有一个，将芈月带回义渠做王妃。那时的芈月，心系秦惠文王以及她跟秦惠文王所生之子，她怎么可能放弃自己的夫君和孩子跟义渠王走呢？秦惠文王为保芈月，多次应战，终有一次，大秦敌不过义渠，被迫将芈月交给义渠王以换取大秦跟义渠的和平共处。

芈月被送往义渠军营的那一晚，义渠王欢呼雀跃地迎接她的到来，她从义渠王眼中看到了他对她的依恋，看到了他对她的用心，这份依恋和用心，她从黄歇和秦惠文王那里都不曾得到过，她的心微微一颤，竟然对他有了一点点的好感。然而，为了她在秦国的孩子，那一夜之后她还是坚持要回大秦，义渠王不放行，她便以死威胁，最终义渠王妥协了，含泪目送她远去。

当芈月被秦惠文王送至燕国做人质，义渠王千里奔赴其身边欲带她离开，芈月看到他风尘仆仆的样子出现在自己面前时，内心的激动无以言表，那一刻，她对他，有着说不清道不明的情感。说句心里话，自从芈月被送往义渠军营之后，秦惠文王便不会再宠幸她了，她若是此时跟义渠王回义渠做王妃享荣华富贵的话，也无可厚非，但是芈月的志向已不再是嫁个好男人，她那时只想着自己跟孩子能有一天回到秦国，毕竟秦国的公子在秦国才会有美好的未来，所以，她拒绝了他的好意，继续留在燕国做人质，但义渠王高大伟岸的形象已然印在了她的心间。

义渠王第三次要带芈月去义渠做王妃，是在她当上秦国的太后之后。当时芈月已深深地爱上了义渠王，但是为了辅佐刚登基不久的秦昭襄王，为了带领秦国走向富强，也为了完成秦惠文王的统一大业，芈月再次忍痛拒绝了义渠王。

为此，义渠王对芈月有所怨恨，几次三番地威胁她，威胁大秦，成为阻碍芈月和大秦前行的绊脚石。芈月为保大秦，最后不得不亲手结束了他的性命。芈月说，她这一生，亏欠最多的就是义渠王，但是身为大秦的王妃，身为秦昭襄王的生母，身为秦国的太后，她势必要肃清一切对大秦有危害的障碍，哪怕是自己的爱人。

或许有人会觉得芈月狠心，但是如若她不狠心的话，大秦会由弱变强吗？大秦后来能完成统一大业吗？成大事者，必然要有所牺牲。

爱情是很美好，但是现实太残酷，再美好的东西也会有凋零或是衰败的一天，只有生命的精彩才是持久的、永恒的。所以，当爱情来得不是时候时，当爱情成为我们成才的障碍时，当爱情阻碍了我们前行的脚步时，我们务必要跨过它，舍弃它，才能让自己义无反顾地向前行。

陆云和张建是我大学的同班同学，他们俩是出了名的"班对"，大学四年两人出双入对，他们甚至还有了长远的计划，即一毕业便回到他们出生的那个城市工作，然后结婚生子，幸福快乐地过一生。

然而，老天爷在他们毕业前夕跟他们开了一个天大的玩笑，学院决定推荐品学兼优的陆云到美国知名大学读硕士研究生，这个机会实在是太难得了，不知道有多少同学正对这个全院仅有的一个名额虎视眈眈呢，陆云能得到学院领导和老师的青睐，真不知道是几辈子修来的福气。

说实话，陆云得到这个消息之后，高兴得简直就要飞起来了，恨不得马上就飞过去就读呢。可是高兴过了之后还是要回到现实，她跟张建之前的所有计划就要被打乱了。她知道，这对张建来说，会是个很大的打击，但是她又不愿意放弃这个机会继续跟张建按照原定计划走下去。

于是她跟张建商量，看看能否搁置他们毕业后的计划，待她学成归来之后再做打算。张建不同意，他觉得陆云出去了之后便不会再回来，即使回来，身上镀了一层金的她或许就看不上他了，所以他让陆云在他跟出国读书两者之间选其一。

天平的两端，必然要有所倾斜。陆云想了很久很久，最终还是艰难地做出了一个令张建伤心，也让自己无比难过的决定——跟张建分手，毅然前往美国读研。

事业和爱情，对于女人来说，都是生命之中不可或缺的大事。谁都期望能够二者兼而有之，但是事实往往不尽如人意，当事业和爱情起了冲突，身为女人的我们，到底该如何抉择呢？

在漫长的人生道路上，每个人所在乎的都是不同的，有的女人视爱情如生命，这并非错误，但无论多么珍视你的爱情，作为一个独立的人，你都不可以失去事业。对女人而言，事业能支撑起我们的一生，能给予我们想要的生活，能让我们活得有滋有味，活得灿烂精彩。

别让爱情羁绊自己前行的路，别让爱情阻碍自己事业的发展，女人有了事业才会有魅力，所以，女人不要为爱情失去太多。

／当爱情成为我们前行的绊脚石时，不如果断地舍弃，能够约束人生的爱情
也很难长久。／

4. 爱恨直接，决不妥协

爱，需要付出，更需要独立，还需要保留自我。

不管你有多爱他，都不能依赖他，在生活中要保留一份独立，在情感上要留一份自我，那是对自己的幸福负责，也是对自己的未来投份保险。

不管是在感情上，还是在生活上，抑或是在事业上，我们只有保持一定的独立性，才能为自己谋得一辈子的幸福、一辈子的真爱。

魏丑夫是在义渠王死后，慢慢走近芈月的生活的。

魏丑夫长得眉清目秀，颇有几分姑娘家的气质，芈月初次见他，便对他生出了怜爱之情。因为她所侍奉过的两个男人，一个秦惠文王，一个义渠王，两人都是霸气外露之人，而魏丑夫如此娇嫩柔弱，让她感到十分的新奇。

魏丑夫是个十分善解人意之人，能读懂芈月的心思。在芈月忧伤之时，他跟芈月一起忧郁；芈月高兴时，他跟着手舞足蹈开怀大笑。在大秦后宫，还未曾有过这样一个如此贴心地陪伴着她侍奉着她的人，所以，芈月对魏丑夫是愈加地喜欢了，她的起居饮食，也都交由魏丑夫来打点和照顾，于是，芈月开始慢慢变得有些依赖他了。

但是芈月越是喜欢魏丑夫，越是依赖他，她的心里就越是感到自卑。虽然她贵为秦国太后，但已是半老徐娘，而魏丑夫正值青壮年，她跟他在年龄和身份都相差悬殊的情况下交好，难免会让芈月感到不安，她不得不担忧，魏丑夫对她有所图，所以才会近她的身。

这日，芈月问魏丑夫，可曾想过从她身上得到些什么？

魏丑夫很诚恳地答道："太后的年龄虽无法与妙龄少女相比，但是太后身上所具有的雍容华贵的气质是任何其他女人所没有的，太后举手投足间展现出的魅力也是无人能比的，太后的一颦一笑亲切但又不失威严，太后时而给我君临天下的感觉，时而又给我一副少女般的美妙之感，丑夫不如秦惠文王和义渠王那般有气势，也知道太后心中对他们甚为眷恋，但是他们不曾真正陪伴过太后，他们甚至不了解太后的喜好，而丑夫我，深知太后之喜好，也知太后心底之事，即使太后不会像爱秦惠文王或是义渠王那样爱丑夫，丑夫还是会尽心尽力地爱太后，不求任何回报，只求太后让丑夫一生一世都陪伴在您左右。"

魏丑夫说到动情处，竟然红了眼眶，芈月甚是感动，之后便更加钟爱他了，跟他简直是无话不谈。秦昭襄王虽不反对芈月找个人与她在后宫相伴，但是芈月对魏丑夫的疼爱已经超乎了寻常，他对此感到很不安。

于是，秦昭襄王找了个机会提醒芈月道："母后，魏丑夫在宫中的时日不算长，但是如今他的身份地位似乎已然超越我这个孩儿，他深知母后心思，甚至能帮母后传达一些重要的口谕，长此以往，恐怕会生出一些变故来！"

芈月听罢秦昭襄王的话，仔细想想，这些日子以来，她每日醒来看到了魏丑夫才会心安，若是看不到便会心慌，她藏在心底很多很多年的话，没跟任何人提起过，却不知怎么的，居然跟魏丑夫说了，她怎么会变成这样？芈月也觉得，自己再这样下去，必然会离不开魏丑夫，长此以往后果不堪设想。所以，她便开始慢慢地疏远魏丑夫，慢慢地找回自我，慢慢地将自己的独立自信找回来，不再依赖魏丑夫。

魏丑夫嘴上说不曾想过从芈月身上得到什么好处，实际上，他想借着自己跟芈月的亲密关系飞黄腾达，混个一官半职光宗耀祖。可结果，什么也没得到，就连芈月的心，也不曾真正得到过。

❦

在爱情面前，人人平等。不管你有多爱对方，都绝不能将自己的一切都交托给对方，要留有一份自信、一份自我和一份独立。如若不然，你失去的不仅仅是一份真挚的感情，还有可能失去活着的信心和勇气，失去你最宝贵的生命。

女孩和男孩在大学毕业前夕恋爱了，女孩长相甜美，性格温和，这让男孩有着很大的满足感，因为女孩就像是一只温顺的羔羊，什么都听他的，不管是在生活上还是在情感上，他都有着绝对的发言权。

毕业之后，两人生活在了一起。女孩起初很积极地去找工作，但是每一份都不能让她满意，男孩便心疼地说，要不，你就在家好好地做我背后的女人吧。女孩欣然同意了。

之后的五年，女孩就只做一件事，那就是尽心尽力地照顾男孩的起居饮食，把他们的小家打理得井井有条。

前两年男孩对女孩的悉心照顾还会表示感激，但是后面几年，他便有些不高兴了，觉得自己的工作压力那么大，女孩不工作没收入，无形之中给他增加了一定的经济压力，而且，每次同事聚会携家属出席时，看到别的同事的妻子或女友骄傲地谈起自己的工作，他的心就如针扎一般痛，他实在无法说出口，自己的女朋友是个"家庭主妇"。

于是，男孩开始慢慢冷落女孩，之后更移情别恋爱上了一个职业女性。

当女孩发现男孩心另有所属时，哭着质问他为什么要这么对她，男孩说，一个人在外打拼真的很辛苦，回到家还要承受女孩给他带来的经济负担和情感负担，这些负担压得他喘不过气来，所以他便选择了逃避，逃着逃着就逃到了别人的怀里。

女孩这时才明白，原来，她的守候，变成了男孩的承受。原来，爱得不独立、爱得不自我的感情，经不起时间的打磨，经不起现实压力的锤炼。她为他付出了五年的青春，结果还逃不出"分手"的命运。

于是，她默默地搬离了有着他们五年美好回忆的小屋。然而，独自一人拖着行李走在大街上的女孩，完全不知道自己可以去哪，或者要去哪。

五年的时间，她没有思想，没有工作，她把所有的希望都寄托在男孩身上，完全忘了自我。结果她得到的却只是一些泛白的回忆以及一个虚度了青春之后一无所有的自己。

　　天下之大，却没有她的容身之处，最后，她闭上眼，想要带着行李一起跳进江河里结束自己年轻的生命，幸好路人及时地拉住了她，这才没有酿成悲剧。

　　如果女孩在这段感情开始的时候就保持独立，思想独立、情感独立和经济独立，不把自己一生的希望都交托给一个男人的话，她必然不会沦落于此。

　　爱情不需要赐予，也不需要施舍，你若想得到对方同等的爱的回应，那么你务必要拥有自己的生活圈子，拥有自己的爱好，拥有一份适合自己的工作，因为只有保持绝对的独立，才会得到对方的尊重，得到对方的肯定和付出。

　　女人，最应该守候的不是别人，而是自己。

　　/女人，一定不能把男人当成自己的精神支柱，一定不能成为男人的寄生虫，一定要爱得独立且爱得有自我。/

5. 几段真情，爱恨交织

很多爱情，有开头，却没有结局，或者结局是遗憾的，不完美的。

茫茫人海中，谁遇见了谁都是一种缘分，但是并不是遇见了就能相守一辈子的。

爱情变化无常，爱情道路上，沟沟坎坎，兜兜转转，谁成了谁的新娘，都是个未知数，没有人能够预知，也没有人能够保证。

爱情就像是游乐场里的旋转木马，人坐在上面一路看着风景，时时处处映入眼帘的都是美景，却不知道最美的景致在哪里，也不知终点在哪里。

所以，我们只能安适其中，做快乐的自己便好，不强求，也不奢望，能一同走到终点固然好，要是走不到，那就潇洒地挥挥手，道一声"珍重"，然后分道扬镳，不后悔，不遗憾。

芈月的一生，身边从不缺男人。

黄歇给了她最浪漫的爱，秦惠文王给了她最霸道的爱，义渠王给了她最热烈的爱，魏丑夫给了她最体贴的爱，而甘士给了她最唯美的怀念。

这些男人，在芈月的心里都有一定的地位，但是她是谁的挚爱，谁又是她的挚爱，恐怕连芈月自己也搞不清楚。

跟黄歇在一起的时候，芈月天真烂漫，有着少女的情怀，她把自己最美的一面，也最单纯的一面给了黄歇。只不过，这段感情，有太多太多的阻滞，不管是家庭背景还是个人的理想抱负，都阻碍着两人相守在一起。尽管最终芈月跟黄歇，一个去了秦国，一个留在楚国，分居两地，甚至还成了死对头，但是他们曾经快乐过，曾经彼此真爱过，那就够了。

跟秦惠文王在一起的时候，芈月温柔娴淑，有着丝丝成熟的韵味，秦惠文王爱她曼妙的身姿，爱她充满智慧的灵魂，他们的结合，虽然有着政治目的，却丝毫不影响两人惺惺相惜。可以说，芈月既是秦惠文王的爱人，也是他的知音，她陪伴着他一路披荆斩棘去完成统一大业。尽管最后秦惠文王忍痛把她送走，又没有将她跟他的儿子立为储王，但不可否认，芈月跟秦惠文王确实度过了一段快乐美好的时光，这让芈月一生都感激，也一辈子都怀念。

而跟义渠王在一起的时候，芈月的痛苦大过于快乐。两人的身份地位已然注定两人不可能有相守的机会，但是义渠王却不甘心，采取了多种过激的行为和手段逼迫芈月跟他在一起。芈月是爱过他，也从过他，但是内心对他还是有着深深的怨恨的。他们之间所共有的时光，实在是太复杂了，有爱有恨，有责任有报复，甚至还有怨念。芈月曾说过，如果她只是一个普通的女子，身上没有宣太后这个头衔，她必然会跟义渠王在大草原上快乐地驰骋，然而，造化弄人，她不得不一次又一次地利用他对她的爱来保护她的夫君秦惠文王打下的大秦基业，她对他有亏欠，不过在大局面前，她的亏欠又算得了什么呢？最终她还是狠心地亲自夺去了他的生命。不过，义渠王也确实给她带去过快乐，她这辈子最怀念的人也是义渠王，之后招了个跟义渠王长得颇有几分相似的甘土入宫便是最好的明证。

之后出现在芈月生命中的两个男人，一个是魏丑夫，一个是甘土。芈月很长一段时间相当地依赖魏丑夫，但是清醒之后，她发现，自己跟魏丑夫之间的感情，似爱非爱，魏丑夫只不过是她寂寞时聊以慰藉的一个知音人罢了。至于甘土，完全就是义渠王的替身，她将对义渠王的惦念和愧疚都嫁接到了甘土身上，尽管那感情不太真实，但是甘土还是在她心底留下了一丝痕迹，至少，甘土的存在，让芈月找到了义渠王的影子，这便是甘土带给她的最大的快乐。

❧

每个人的生命当中，都不可能只出现一个爱自己或是自己爱的人，哪一个是自己的真命天子能陪自己走到最后，很难说得清楚。只要彼此相爱的时候曾经快乐过，那就足够了。

爱，就要爱得踏实，爱得快乐，爱得理智，爱得潇洒。

张姐家在偏远的山区，家门前有个很大的果园，和隔壁一家共同栽种各种不同的水果。

隔壁家的三仔，是村里出了名的读书料，张姐是在帮家里打理果园的时候和他慢慢熟悉起来的。

三仔很有志气，他说他要考上大学，离开这个穷山沟，到城里去读书。果然，那一年的夏天，他收到了北方一所大学的录取通知书。三仔离开家乡去上大学的前一天，张姐交代他走时摘几串水分多的葡萄带在身上，口渴的时候可以解解渴。

第二天清晨，三仔在家门口的果园里，摘了很多串葡萄，但是一串都没有带走，而是用一根青草扎成一束，悄悄地放在张姐的窗台上，因为他知道，张姐尽心尽力地照顾果园，但是无论天气有多么热，她都不舍得摘一个果来吃，哪怕只是一颗葡萄。

那一年，张姐18岁，她就这么静静地站在窗子后面，泪眼婆娑地看着三仔转身离开。

4年很快便过去了，三仔大学毕业捎回口信，说在某一个城市工作了。那时，张姐已到了出嫁的年龄，村里提亲的人不少，但是她就是看不上眼，心里时刻想着的是给她送葡萄的三仔。于是，她背起了简单的行囊，来了三仔工作的城市。

由于没有三仔的具体地址，偌大的一个城市，张姐不知道该何去何从，身上仅有的钱怎么算计着花也熬不了多久。

徘徊在陌生的街头的她，目光突然被挑着担子在街边卖水果的贩子吸引了去。于是，她买了两个水果篮，一根扁担，凭着多年种植水果的经验，到农贸市场选购了一些水分多的水果，挑到各个街头去卖。

之后，张姐便每天挑着两篮子水果在大街小巷里吆喝，一边卖着新鲜的水果，一边搜寻三仔的身影。

功夫不负有心人，痴情人终感动了老天爷。

那天下着滂沱大雨，张姐再一次出摊时，终于见到了向她走来的三仔。可是三仔认不出穿着雨衣挑着担子的她，只是很认真地撑着伞选着她担子里的葡萄。而她，望着三仔那张熟悉得不能再熟悉的、她每天都要回味无数遍的脸，泪如雨下。

三仔没有注意到已哭成泪人的她，依然很认真地选着葡萄。突然，他低声呢喃了一句："这葡萄，像极了我家乡一位姐姐种的。不知道是不是她种的呢？"她摇了摇头，用哽咽的声音道："不是她种的，却是她卖的！"三仔听罢猛然抬头看她，透过朦胧的不知泪水还是雨水，他看到了那张他一直惦记着的脸。

可是，张姐并没有一见到三仔，便毫不犹豫地告诉他，她对他的想念、她对他的渴望。因为自从来到这座城市做了卖水果的小贩之后，她感觉自己的社会地位是那么低下，她这才明白，自己跟三仔之间的距离除了年龄、学历之外，还有生活的环境和生活的圈子。何况，今儿个朝她走来的三仔穿着西装打着领带，他一定是在写字楼里坐办公室，而裹着雨衣的她穿着的是旧旧的"破烂"衣服在大街小巷卖水果。

所以，当三仔提出要她收摊跟他回家，他要照顾她时，她拒绝了，她说自己在这个城市早已有了自己的家，家里还有人等着她。这个弥天大谎让三仔心碎不已。她的谎言将她的自尊重重地包裹起来，三仔进不去，她也出不来，两个相爱的人，就这样"擦肩而过"。

多年后，张姐用自己辛辛苦苦卖水果积攒下来的钱在郊外租了片地种起了水果，养起了鸡鸭鱼，她将这个水果园弄成农庄对外开放，欢迎四方宾客前来采摘新鲜的水果和品尝土鸡土鸭。他带着妻儿闻讯前去，除了想捧她的场祝贺她一番之外，还想一睹她爱人的"风采"。

结果，他从农庄的员工口中得知，他们的老板娘孑然一身。他顿时愣住了！他所有的"以为"都是他的"假想"，是她故意制造的"假象"！于是三仔找了个机会问她，为什么当初要骗他？张姐说，爱要爱得快乐，爱得自在，我们本就不属于一个世界，何必强求在一起呢？

爱情，虽然如空气般无法触摸，却能真实地感受到它的存在。张姐说，她这一辈子实实在在地爱过一个人，因为爱他，她背井离乡去找他；也因为爱他，她撒了个大谎放他的心自由也放自己的心自由。她不觉得这样的结局很悲惨很遗憾，她反而觉得，她是幸福的，至少，她曾得到过他的爱。他们之间那份纯纯的爱，虽然没有结下硕果，但那追逐和寻找的过程，快乐美好而且还很幸福，这就足够她回味一世了。

爱，是一种洒脱的浪漫、一种拥有的体味，但也是一种无常的变幻、一种虚无的存在。未来的路，谁能陪你走过，谁又不能陪你走过，都淡然一些吧，只要曾经真爱过，曾经拥有过，那就别再强求了。

不管有爱包裹着还是孤身一人，都要做快乐的自己。即使深爱，也要快乐地爱；即使不爱，也要快乐地放手。

如果爱得痛苦，爱得艰难，那就转身，离开，给自己的心放一条生路，给自己的爱留个喘息的机会。

／安适其中做快乐的自己便好，不强求，也不奢望，能一同走到终点固然好，要是走不到，那就潇洒地挥挥手，道一声"珍重"，然后分道扬镳，不后悔，不遗憾。／

第六章

后冠之重　芈月的放下与承担

芈月说

"我不墨守成规，
也不怀挟偏见，
我既能一掷决生死，
又能一笑泯恩仇。"

1. 嬴稷称帝，战神入楚

人生是灰暗的还是明亮的，其实完全取决于人的心情。

现实生活如天气般阴晴不定，时而暴风骤雨，时而又晴空万里，我们根本无法控制得了它的变化，那么，唯有接受它的瞬息万变。事情的发展往往也是如此。它发生之初或是未发生之时，我们会在心里对它有所期望，然而并不是每一件事的发展过程和结果都会如我们所愿。

世间万物，其发展和变化必然有一定的规律，我们违背不了，也改变不了。既然既定的事实我们改变不了，那就只有改变自己的心情，学会接受，学会放下，只有这样，才能克服更多的困难，战胜更多的挫折，收获更多的成果。

秦昭襄王嬴稷的雄心壮志芈月是知道的，他早就想称帝了，但是六国不灭，芈月便一直反对。起初，在芈月的震慑之下，嬴稷只能想想而已，并不敢付诸行动。可随着秦国日渐强盛，征战连年都战无不胜，秦昭襄王就又心痒痒了。

正巧芈月跟义渠王的两个孩儿夭折，芈月沉浸在无限的悲痛之中，魏丑夫为此走进了她的心里，替她疗伤，陪她度过这个艰难的时期。秦昭襄王第一眼看到魏丑夫，就对他印象不太好，加上芈月对他又百般宠爱，秦昭襄王心生醋意，又不好明说，只能在朝政上给予芈月一棒重击，他未经芈月同意便遣派使者去齐国邀请齐王与他一同称帝。

当芈月收到秦昭襄王称帝的消息时，秦昭襄王已昭告天下，木已成舟，芈月想反对都反对不了了。

不过，身为大秦的太后，芈月还是有责任要提醒一下秦昭襄王，一旦他称帝，便会引来其他六国不满，届时可能会遭到其他几国联合伐秦，秦昭襄王务必要做好应战的准备。

对于芈月的提醒，秦昭襄王不以为意，他自大地认为，秦国有多名骁勇善战的良将，加上兵马又是何等的强壮，岂会怕那不成气候的六国？

芈月对秦昭襄王的傲慢十分不满，指着他的鼻子大骂他擅自主张称帝，给了其他几国合纵伐秦的借口，他真是拿大秦的江山来赌气。

秦昭襄王不甘示弱，一句话将芈月所有的怒气给堵了回去，他说，你可以不顾孩儿的感受在感情上任意妄为，孩子身为一国之王，难道就不能有自己的主张吗？

其实，秦昭襄王急于称帝，对大秦也还是有一定的益处的。当今天下，秦齐两国最强，赵燕次之，秦齐共同称帝之后，如再联合起来伐赵燕的话，赵燕必然会被灭之。那么其他几国，自然也就不敢轻举妄动，必然会唯秦齐马首是瞻。到时秦国便只有齐国一个大敌，只要想办法把齐国给灭了，那么一统天下便指日可待了。仔细想来，秦昭襄王的想法和打算也未必不可实现，芈月便不再多语，接受了秦昭襄王称帝的事实，一心辅佐秦昭襄王巩固大秦的基业。

以芈月这么强势的性格，秦昭襄王若是敢忤逆她的意思，她应该要闹个天翻地覆"拨乱反正"才是，没想到芈月居然会泰然接受，魏丑夫对此不甚理解，芈月是这么跟他说的，人生在世不如意之十有八九，一些既定的事实，既然改变不了，那就改变自己的心情去接受，这样，人活着，才不会太累。

不管是在生活中，还是在工作中，我们改变不了事实，却可以改变态度；改变不了环境，却可以改变自己；改变不了过去，却可以改变现在；我们不能掌控别人，却可以掌控自己；我们预知不了明天，却可以把握住今天；我们不能奢求事事顺利，却可以做到事事尽心；我们无法延长自己的生命长度，却可以决定自己的生命宽度。

在漫长的人生旅途上，如果遭遇了不幸，遇到了困难，换一种思维方式去看待，换一种心情去接受，你会发现，其实，快乐并不太遥远，幸福也在咫尺之内。

雨林和佳林是一对孪生姐妹，两人曾遭遇了一次特大火灾，幸好消防员及时赶到将她们从火场中救出，但因火势太大，两个小姑娘送往医院救治之后，性命是保住了，但是全身大面积被烧伤，美丽秀气的面容已不复存在了。

看着镜子中已然破相的自己，雨林哭了一次又一次，她真的不知道自己今后该如何出去见人，如何生活，她真不知道哪个老板会请她这么一个"面目可憎"的人工作。于是她自暴自弃，每天把自己关在房间里，不与外界接触，不跟任何人说话，只对着四面墙不停地流泪。

佳林跟雨林一样，也变成了一个超级"小丑"，她对未来的生活也很迷茫。但是她却很珍惜生命，她告诉自己，能捡回一条命不容易，绝不能辜负老天爷对她的怜悯。于是，她对雨林和自己说，既然毁容的事实已然存在，我们只能勇敢地接受，努力地改变自己沉痛的心情，及早地从悲伤和痛苦中走出，好好地活下去。不过最终雨林还是过不了心里的那道坎，偷偷地吞服了50片安眠药离开了这个在她眼里是那么绝望的世界。

雨林的自杀身亡对佳林的打击实在是太大了，好不容易才调整好的心情，此时又跌落到了谷底，她简直就要崩溃了！一个从小跟她一起长大的亲人，一个跟她有着一样面容的至亲，就这么悄无声息地离开了她，心痛得无法呼吸。然而，生命对她来说，实在是太珍贵了，消防员花了好大的力气才将她从火场中救出，医护人员也不知耗费了多少心力才把她从死亡线上拉回来，她不能辜负老天爷对她的眷顾，不能辜负救她的人所付出的心血，她一定要坚强地活下去，而且还要活得精彩。

在这个坚定的信念的支撑下，佳林勇敢地迈出了人生最艰难的一步，在郊外租了个便宜的小门面开了家小商店维持生计。

起初，店里的生意十分冷清，很多人看到佳林那张没有完肤的脸都露出了厌恶的表情，不敢进店消费，佳林对此并不在意，依然每天坚持开店，尽管收入微薄，但她还是咬牙坚持着。

一天，佳林像往常一样把店门打开，开始营业。这时，突然来了一个蓬头垢面的人向她讨要一点能填饱肚子的食物，佳林见他十分可怜，便给了他一点面包和水让其充饥。那人吃饱了之后还借了她的手机打了个电话，不久之后便有人来把他接走了。

当佳林快要把这事给忘了的时候，店里突然来了几个记者说要采访她，说她心灵美，乐于助人。原来，那日她帮助的那个人是个有名望的富商，他遭遇了车祸滚下了山，昏迷了数日后醒来，走了很久才遇到好心的佳林，若不是得到了佳林的帮助，他真不知道何时才能联系上家人，得到及时的救助。

有关佳林乐于助人的报道一出，人们争相到佳林的店里消费。几年后，佳林也有一些存款了，于是她去了韩国整容，恢复了七八成当年的美丽容貌。

勇于接受生命的真相，勇于改变自己的心情去接受生命真相的人才能成为强者。

人生不过是一张单程车票，你所走过的、经历过的，都成为不可更改的事实或是历史，我们除了接受别无选择。

/既定的事实我们改变不了，那就只有改变我们自己的心情，学会接受，学会放下，只有这样，才能克服更多的困难，战胜更多的挫折，收获更多的成果。/

2. 订盟讲和，另辟新路

灵活变通、随机应变是一种人生智慧。

虽说无规矩不成方圆，每一个人活在这个世界上，必然要讲规矩，讲纪律，讲原则。但是有些时候，一味地讲原则只会让我们止步不前。因为这个世界，每一分每一秒都在变化，任何一个人要想在社会中更好地生存和发展下去，就必定要不断地去适应变化着的大环境，不断地去调整自己的心态，改变自己的思想和生活方式。这便是"变通"。

所谓"变通"，就是"有变则通，无变则滞"。变通并不是违反原则，而是根据变化了的现场环境找出能够解决问题的具体办法。做人和做事都一样，不能够太"死板"，要学会灵活地、多角度地去看待和处理问题。

芈月年事已高，加上某日去拜祭秦惠文王时摔伤了脚，故而一直卧病在床。芈月深知自己已垂垂老矣，恐怕时日无多了。

人在风烛残年之时，总会忆起当年。芈月在即将油尽灯枯之际，十分怀念以前在楚国云梦泽生活的日子。那时的她，天真烂漫，无忧无虑，不用为战国的战乱时局忧心，也不用为后宫的争宠揪心，她很想回云梦泽看看，看看自己生长的地方，缅怀一下那已然消逝的青春时光。

芈月将自己心中的这点残念告诉了魏丑夫，魏丑夫自做主张地禀告了秦昭襄王，他以为秦昭襄王随时都可以带芈月去楚国走一走，看一看，以了却芈月的心愿。然而，当年楚怀王客死在秦国，楚倾襄王做梦都想报这杀父之仇，如若这时送太后芈月入楚，岂不是送羊入虎口？

到底要怎样做才能了却母后芈月的这一心愿呢？秦昭襄王思考了良久。最后，他终于想到了一个好办法，那就是打到楚都去！只有把楚都占领了，宣太后芈月才能随时入楚。

当秦昭襄王把这个想法告诉芈月时，芈月喜出望外，一来是自己终于有机会回楚国去看看了，二来是秦昭襄王已然成熟，知道灵活变通了，知道此路不通便另辟一条新路，大秦的蓬勃发展，有望了！

然而，当时大秦的将领兵士都在前方作战，根本没有多余的兵力去攻打楚都，这可如何是好呢？芈月和秦昭襄王思索了片刻，最终一致决定：让白起从齐国撤军回来，秦国与赵国预订盟约修好。

白起对秦昭襄王的这个调令极为不满，于是到芈月跟前抱怨，芈月微点着头道，这个时候秦昭襄王让白起撤军回来从战略上来说确实不该，以白起的实力，必然能够把赵国打得落花流水，根本就没必要签盟约讲和，但是在情理上却合情合理，秦昭襄王那么做，只不过是想尽尽孝而已。

原来，秦昭襄王急召回白起，是想让他领上十万兵马带上芈月一同攻入楚都，欲在芈月有生之年让其再回故土，以解思乡之苦。

攻打赵国，然后对付燕国，之后全力以赴进攻强大的齐国，一步一步地扫清阻碍大秦一统天下的障碍，这是芈月跟秦昭襄王以及众将领早就制定好的大计，可如今，当务之急是圆宣太后芈月最后的一个心愿，故芈月和秦昭襄王决定先攻打楚国，之后再回过头去对付赵国，统一大业的大原则保持不变，只是根据变化了的现实情况灵活地变通，修改一下战略决策罢了。

身在一个时时刻刻都在变化着的大千世界之中，原则是必须要讲究和遵守的，只不过有些时候，过分地注重原则和讲究原则，反而会使问题陷入僵局难以解决。所以，我们在遇到难以解决的问题时，在坚持原则的大前提下，可以试着换一个角度去思考，换一种方法去解决。

2008年8月8日晚8点整，北京奥运会开幕式如期举行，一个展现中华民族梦想的神话"飞天舞蹈"吸引了全世界人民的目光。而在那个近三米高的地毯上翩翩起舞的独舞者更是赢得了全世界人民的掌声。

这掌声，原本是属于北京舞蹈学院有着超强的腰背肌及"控腿"技术绝活的青年舞蹈家刘岩的。可是在开幕式倒计时前10天的彩排中，这位万里挑一的融合了美貌与技术的舞蹈家刘岩却从毯子上失足摔下……

事故发生后，刘岩接受了长达7个小时的紧急手术才暂时脱离了生命危险，但因颈椎骨折、骨盆粉碎性骨折太严重造成下身瘫痪，她从此可能再也站不起来了，再也不能跳舞了。这对刘岩来说简直是个致命的打击！

她从小便开始接受常人难以忍耐的专业训练，不知受尽了多少苦难磨炼才能成为一名合格且出色的舞蹈演员，又好不容易得到在北京奥运会开幕式上独舞这一举世瞩目的角色，可是距离正式演出还有那么几天，她便发生了如此大的意外，未来的日子，她要怎么"走"过？未来的生活，她要怎么度过？难道真的要一辈子坐在轮椅上吗？沉浸在无尽的痛苦之中的刘岩，很长一段时间都不愿去回忆自己受伤的过程，也不愿去面对自己未来的生活，但是幸好有家人的支持和陪伴，她才渐渐从悲痛中走出来。

刘岩从小就想成为一名国际知名的舞蹈艺术家，眼看她的梦想就要实现了，老天爷却跟她开了一个天大的玩笑，让她从天堂掉进了地狱，无法站立，无法行走，无法跳舞，这比要了她的命还残忍。不过既然老天爷还给她留着一条命，那么她就要坚强地活下去。

舞者，不能翩翩起舞了，还能做什么呢？刘岩出院之后就一直在思考这个问题。跳舞是她一生不变的追求和梦想，之前不管遇到多大的阻滞她都没有放弃坚持跳舞的原则，这一次，她也不愿放弃坚持这个原则，只不过，她再怎么坚持也无法再站在舞台上起舞，于是，她便想到了变通。

"我的梦想从未改变过。以后的日子，我会用我自己独有的方式在舞台上继续诠释我的艺术人生。"刘岩对自己未来的艺术人生做了个简单的规划，"我仍旧会一直为舞团贡献自己的一份力量，当然，可能不再是舞台表演了，我会去参与一些文字、理论方面的工作，参与创作。接下来还会给学生上课，会出一本自传体的书。"总之，刘岩将来还是会继续做艺术工作，还是会跟舞台有着密切的关联，这样的话，她依然还算是一个舞者，依然能坚持自己的梦想，依然能走在艺术的康庄大道上。

凡事，变则通。人一定要学会变通，学会具体问题具体分析，在处理一些实际问题时，切不可过于死板，要根据变化了的现实情况做出相应的调整，不能将自己逼入死胡同而被瞬息万变的社会大潮给吞噬。

/ 变通并不是违反原则，而是根据变化了的现场环境找出能够解决问题的具体办法。做人和做事都一样，不能够太"死板"，要学会灵活地、多角度地去看待和处理问题。/

3. 谣言中伤，反唇相讥

条条大路通罗马，但是并不是每一条路都适合自己。

别人或许可以直线到达成功的彼岸，你却可能要绕一个弯才能够到达；别人或许可以借助一些工具帮助自己尽快到达，你却可能要一步一个脚印慢慢地前往。不要抱怨，也不要羡慕，大千世界，人人平等，摆在我们面前的路和机会都是一样多的，只是，我们要根据自身的条件做出选择，是抄近路呢还是走远路，是绕个弯呢还是走直线，这就要看我们自己的选择了。

惠文后在芈月诞下嬴稷之后就一直很忧心，害怕秦惠文王因宠爱芈月而将嬴稷立为储王，故处处跟她作对，有时还散播一些莫须有的谣言以中伤芈月。芈月本对立储之事漠不关心，但是惠文后既然先挑起了事端，芈月唯有想办法应对。

惠文后先是假装好意提醒秦惠文王要当心芈月和她的两个弟弟魏冉和芈戎，切不可给他们太多自主掌握兵权的机会，以防他们结党营私，危害大秦。秦惠文王深知魏冉和芈戎骁勇善战，绝对能帮他在战场上立大功，故没把惠文后的提醒当回事。

芈月确实很想魏冉和芈戎能够得到秦惠文王的器重得到一官半职，但是她并未想过要利用两位弟弟手上的兵权去做一些谋害大秦之事。她带魏冉和芈戎入大秦，只不过想保他们一生安逸，不再在楚国受苦受难罢了。而魏冉和芈戎两人尽心尽力地效忠大秦，也不过是为了保住芈月在大秦后宫的妃子地位罢了，他们姐弟三人是真的安心要在大秦度过余生而并无其他非分之想。

然而，惠文后哪里肯放过芈月。一计不成，又生一计。趁着义渠王派兵攻打咸阳之时，惠文后让人在大秦后宫散播芈月跟义渠王有染的谣言，这不仅直接损坏了芈月的名声，还给秦惠文王一个当头棒喝，秦惠文王信也不是，不信也不是。芈月对此十分愤怒。

这日，芈月在后宫花园偶遇惠文后，惠文后一脸不屑地看着芈月道："那义渠的王，对妹妹可是情深意重啊，攻打咸阳居然只为抱得美人归！真不知道妹妹跟义渠王私下有着怎样的交集。"

芈月一听，顿时怒了，瞪着惠文后道："饭可以乱吃，话却不可以乱说。姐姐哪只眼睛看到我芈月跟义渠王私下有来往了？你我一直都深居大秦后宫之中，莫非姐姐和我都有分身之术？"

惠文后听罢芈月的话，脸一阵白一阵红的，不知该如何回应。

芈月见状，接着道："每个人都有一条属于自己的路要走，姐姐选择的是处处与妹妹我作对，甚至不惜出谣言诬蔑，那就别怪妹妹我也选择一条令姐姐难走的路了。"

"你想怎样？"惠文后狠狠地瞪着芈月，从牙缝里挤出这么一句。

"姐姐不是做梦都想你的宝贝孩儿嬴荡当上储王吗？你说，如果妹妹我极力向王上推荐嬴荡做储王，但是需要到战场上加以磨炼，你认为王上会不会欣然同意呢？"芈月微扬着嘴角笑道，"嬴荡公子还那么小就被送去战场，真是令人忧心啊，万一有个什么三长两短，那可如何是好啊？大秦的储王之位，不是要另寻他人了吗？"

"你……"惠文后气得说不出话来。

芈月收起了笑容，轻声道："我不犯姐姐，姐姐又何必来犯我？我只想跟我的孩儿还有我的两个弟弟在大秦过些稳定安逸的生活，并无什么夺权之念，姐姐又何必处处针对我呢？"

"你真的不想掌控后宫？不想嬴稷当上储王？"惠文后试探着问芈月。

"一切顺其自然。"芈月如是答道，"该是你的，就是你的；不是你的，就不是你的。这便是我选择要走的路，姐姐信也罢，不信也罢。"

世界上的路有千千万万条，不用去羡慕谁抄了一条近路到达了成功的彼岸，也不要去嘲笑谁绕了一个大圈子才到达目的地。每个人都有选择走什么路、如何走的权利，不管是崎岖的、荆棘的，还是平坦的，每一条都能让你到达幸福的终点，每一条都能引领你到达成功的彼岸，但是并不是平坦的就适合你，布满荆棘的也未必不适合你，要根据自身的条件和极限去选择最适合自己的路。

❧❧❧❧❧

临近毕业的时候，王兰决定留在这个大城市就业，毕竟，从农村考到城里来，毕业了之后再回村子里，面子上挂不住不说，家乡那个小地方，施展不了她的才华，回去也干不出什么大事业来，指不定哪天就只能找个面朝黄土背朝天的庄稼汉子嫁了就算了。

下定了决心，就好好地谋出路吧！从宿舍里搬出来，王兰在应聘成功的公司附近租了间小房子住下，从此以后就安心地在这个大城市里"扎根"了。

第一天到公司报到，本以为学管理的她会被安排到办公室里做行政管理工作，谁知道人事处竟然带她到销售部报到，她接到的第一份工作任务居然是去推销本公司的产品。王兰对此很不满，觉得自己好歹也算是名牌大学毕业的本科生啊，怎么能满大街地去搞推销呢？转念一想，自己才刚毕业，没工作经验，去做推销员对自己来说是个很大的挑战和考验，既然是挑战，当然机遇就并存啊，如果她推销成功；帮公司拉到大业务的话，一定会获得丰厚的回报的。于是王兰接受了公司的安排，每天提着公司的各种产品到大街小巷去推销。

半年过去了，王兰跑断了腿和磨破了嘴皮子才零零星星地推销了一点产品，眼看公司的半年考核期就要到了，以王兰这样的成绩根本过不了关。王兰想过辞职另谋高就，但是又不甘心就此放弃，于是她安慰和鼓励自己，既然选择了这家公司，也付出了那么多时间和精力去做推销，就再努力一下，说不定很快就会有收获了。

然而，正当王兰准备再坚持一下时，她遇到了隔壁宿舍的一个同学，同学看到她在大街上推销产品，就想提携提携她，说介绍她进自己所在的公司，一起做文秘工作，王兰当然是满心欢喜地答应了。可是当她辞了职去了那家公司之后才发现，那份工作根本就不适合自己。在原来的公司做推销员，尽管受尽了白眼，无数次被人赶出门口，但是起码，她是在认认真真地工作，实实在在地在做推销。而新公司里所谓的文秘工作，就是陪老板应酬，经常出入娱乐场所吃吃喝喝，王兰哪里受得了这样的工作，没做多久便辞职了。这时，她才明白，那些别人认为能够赚大钱或者是有出息有发展前景的工作未必适合自己，而被别人看不起的推销员工作或许才更适合自己。

于是，王兰又回到了原来的公司做推销员。之前那半年的推销，这时也慢慢有了成效，她开始陆续接到几个曾拒绝过她的公司的订单。这些订单让王兰顺利地通过了公司的业绩考核。王兰大学四年学的是管理不是销售，为了更好地在这一行站稳脚跟，提高自己的销售技巧，她便利用自己的业余时间去报读一些销售课程，储备一些销售知识以备不时之需。

王兰的努力最终得到了顾客和领导的肯定，未到30岁的她便当上了公司的销售部主任。

适合别人走的路未必适合自己，适合自己走的路又未必适合别人。每个人都会有一条只属于自己的路。不管这条路有多艰难，只要你认定了它，就一定要一如既往地走下去，即使一路跌跌撞撞也要咬牙坚持走下去。

4. 肩担重责，舌战群臣

人一旦来到这个世界上，就必然要面临人生中最大的一个问题——生存。

要生存，就必然会遇到竞争；有竞争，就必然会有压力。只要我们活着一天，就必然要承受生存所带来的各种压力。

喷水池承受得住压力的重荷，才能喷射出银花朵朵；山川承受得了断崖的重荷，才能形成伟大壮观的瀑布。现代社会的竞争一日比一日激烈，我们无力改变这样的现状，那就只能直面人生，勇于承受压力，努力抗争，才能更好地生存下去，才能创造美好的明天。

函谷关之战，齐国的匡章将军使出了调虎离山之计，将大秦的强兵强将骗走了之后，韩魏齐三国联军大攻函谷关，使大秦陷入了空前的紧张之中。

芈月调动了所有可以调动的兵力欲极力保住大秦的要塞函谷关，但遗憾的是，大秦的十万兵力根本敌不过三国联军的五十万大军，函谷关尸横遍野，秦军溃败不堪。

如此严峻的形势，使芈月感到了前所未有的压力。这是她掌权以来所遭受到的最大的一次重创，不仅朝野动荡，黎民百姓也寝食难安，如若处理不好，大秦的江山便岌岌可危，可以说，这一次，秦国算是到了生死存亡之际了。

芈月冥思了很久，都想不出能把联军打退出去的良策，无奈之下，她只好在黄昏时分召集文武百官商量对策。

芈月坐在朝堂之上，表情凝重地望着群臣道："函谷关一战，我大秦兵将死的死，伤的伤，恐再无还击之力了。但，多国联军继续对我大秦虎视眈眈的话，我大秦必然会招架不住，到时，恐将国之不国啊！今日请各位聚在此，是希望大家群策群力，助我大秦渡过此难关。"

不知哪位大臣待芈月说完之后立马用质问的口气道："先王建下的功业，差点就尽毁在函谷关之战上了，试问，这是谁之过？请问太后，这事该如何处理？"

芈月甩了甩衣袖，厉声道："这是追究责任的时候吗？待你我追究完，恐我大秦早就被其他各诸侯国给吞并瓜分了！当务之急，是解大秦之困局！如若大家无良策，便统统给我闭嘴！"

"太后，良策要想，这责任也得追究，不然让害群之马留在我大秦军队，势必会影响我军士气！"又一位大臣站出来支持之前那位大臣的意见，芈月这下可是真的火了，只见她"腾"地站了起来，指着文武百官咆哮道："胜败乃兵家常事，将士在前线迎战，胜了我们在后方欢呼，败了我们就要在后方谴责他们，甚至让他们提头来见吗？天下无永不败之将军！函谷关一战，如若各位大臣定要揪出个人来负责的话，我，大秦的太后，就是此战役的最大指挥者，这次的失败，完全是拜我所赐！如若大臣还有不服，还要坚持追责的话，那么，就请把我的人头拿下，给函谷关之战献身的将士们陪葬！"芈月将函谷关失利之责完全归到了自己身上，将这个空前的压力自己一个人全部扛了下来。

"太后言重了！我大秦此时不该在这讨论战役输赢之责，而要讨论的，是退敌之法。"秦昭襄王见芈月是真的发怒了，便站出来打圆场。

"我大秦，这次，还是不要再硬拼了，依臣之见，还是议和吧！"大臣楼缓接过秦昭襄王的话，提议道。

芈月对楼缓的提议还算满意，但大部分大臣却认为议和为懦夫之所为，大秦如此强大，是不会沦落到议和的地步的，他们主张跟其他各诸侯国来一场硬仗，一决高下。

顿时，众位大臣分为两派，一派支持议和，一派反对，在朝堂之上争论不休。

芈月是一个极为好强之人，让她与列国议和，确实是有违面子，但若大秦与三国联军死战的话，就算是险胜了，也会元气大伤，恐怕再无能力与各国周旋，那么统一大业将毁于一旦，但若议和的话，可保存实力，稍做休养之后，还可再上战场。权衡再三，芈月还是决定议和。

当芈月把自己所做的最终决定说出时，反对议和派自然是诸多阻挠，芈月顶住压力，只说了句："我，大秦宣太后决定的事，不容再议，不容更改！"群臣便不敢再多言了。

正是因为芈月具有正视压力和承受压力的能力，她才能在那个激烈而又残酷的生存竞争环境中永远立于不败之地。

人要在日趋激烈的社会竞争中生存下来并求得发展，就务必要经受得起困难险阻的考验，承受得了各种各样的现实压力。因为，敢于克服困难，勇于承受压力，是人生的必修课之一。

༺❦༻

央视的主持人队伍中，有一个特别的女主持人，她没有飘逸的长发，没有婀娜的身姿，五官甚至长得都不够精致，却得到了全国观众的认可，她主持的《半边天》栏目收获了无数的好评。她就是张越。

张越的外在并不出挑，确实是逊色很多，但是她的睿智、她的机敏、她的尖锐、她的干练完全超越了她的形象本身，她的个性主持、她的另类打扮，最终还是赢得了全国观众的阵阵掌声。

张越是在小伙伴们的嘲笑声中长大的，因为从小到大，她就没苗条过。她也曾经因为自己的肥胖而感到自卑，很长一段时间都用灰色或者蓝色的服饰把自己包裹得严严实实的，很少与人接触。直到快大学毕业的时候，她告诉自己，不能再这样下去了，她若再继续封闭自己的话，恐怕很难在这个社会中立足。于是，她开始穿大红大绿的服饰将自己禁锢了十多年的个性完全放开，她也开始大声地说话，甚至还边说话边做一些夸张的手势，让自己不再自卑，不再隐藏自己，而多与周围的人接触。

没想到，后来她竟然当上了央视的主持人，每天都要在全国观众面前露脸，这

使她变得越来越自信，越来越能侃。

张越刚当上主持人那会儿，电视观众们似乎对她的长相和身材不太满意，于是就有人给《半边天》栏目写信说中国的漂亮女人都死光了吗，怎么找这样一个女人来当主持人啊！在观众朋友们眼中，主持人就要长得漂亮，身材就是要好，可是张越的条件，与标准的主持人比起来，真是差别太大了！

张越也知道自己的条件不够完美，不过天生如此，她也没办法，幸好节目组比较信任她，并未说要换人主持，而她也顶着被众多观众骂的压力坚持主持下去，结果，她凭着自己张扬的个性和睿智的主持风格赢得了观众的青睐，获得了一个"另类主持人"的称号。

在现实生活之中，谁也免不了会遇到各种压力，会受到各种压力的束缚。

欲成大事者，欲求成功者，必然要将压力当成推动自己前行的动力，必然要用坚强的意志、恢宏的气度以及宽广的胸襟去承受生活所带给自己的一切压力。

/人要在日趋激烈的社会竞争中生存下来并求得发展，就务必要经受得起艰难险阻的考验，承受得了各种各样的现实压力。/

5. 惨遭拒绝，遭受批评

人无完人，每个人身上都存在着一些缺点，所以难免会受到别人的批评。

批评，其实也是一种"精神鼓励"，鼓励你勇敢地面对自己的错误和面对自己的缺点，并且能够督促你尽快地改正，不让你再犯同样的错误，遭遇到同样的损失。

人若是一味地妄自尊大，对别人指出的自己的错误或缺点充耳不闻的话，他的人生之路必然会越走越窄，成功也可能会因此离他远去。

人，务必要正视批评，理性地对待别人的批评，因为那是一种成熟和自信的表现，那是对自己负责任的态度。

芈月手握大秦之政治经济命脉，可谓是高高在上，但是她并不傲慢，反而一直都有一个好习惯，那就是虚心接受别人的批评和意见，认真地改正自己的错误和缺点。

为了嬴稷顺利登基为王，芈月对反对嬴稷登基的惠文后以及她的党羽大开杀戒，几乎是踩踏着无数人的尸体把嬴稷推上王上的宝座的。

当嬴稷突破重重难关当上了大秦的新王，芈月为了巩固她跟嬴稷的地位，对朝中大臣再一次来个大清洗活动，对不太愿意支持嬴稷的大臣不是贬掉就是调到冷衙门干冷差事，提拔自己的亲信，使整个朝堂都布满了她的人，这引起了很多王公大臣的不满，大家都在背后议论纷纷，说芈月"祸国殃民"，却没有一人敢当着芈月的面说。

一日，黄歇以楚国大使的身份来到了秦国，芈月对黄歇的才华颇为欣赏，想将黄歇留在大秦为她效力，故安排了盛宴款待黄歇，加以劝说。

黄歇此人，是个非常忠心的臣子，他对楚国向来都一心一意，对于芈月的诚意邀请，他毫不犹豫地就拒绝了。

芈月自然是不甘心，极力地要说服他："以春申君你的才华，留在楚国，显然是大材小用了，我大秦日渐强大，其他各诸侯国都忌我大秦几分，这必然会给春申君以大的空间展示自我的才华。"

黄歇笑了笑道："宣太后的大志向，春申君我早已猜到，关于宣太后的手段，我也早有耳闻，只是，楚国乃我的生长之地，我此生必会永相随。"

"楚国怎能与我大秦相比？我芈月保证，春申君若为我大秦效劳，必然会像魏冉、芈戎那般，封地为王，一世荣华！"好生劝说不得，芈月便以高官厚禄来引诱，可惜，黄歇依然不为所动，反而对芈月处理朝政之事有所"微言"。

"说到魏冉、芈戎将军，春申君不得不多嘴说一句，宣太后将自己的亲信安放在重要军职上，就不怕朝臣不满吗？不怕秦昭襄王介意吗？毕竟，这大秦的江山并不姓芈，宣太后是不是做得太过分了呢？"黄歇的话直说到了芈月的心坎里。

于是芈月反问黄歇："那以春申君之意，我芈氏家族的人就没有资格胜任军政要职了？"

"端平一碗水是一种艺术。宣太后在重用自己亲信的同时，若能同时重用一些确实有才干的臣子，那就再好不过了。"黄歇的建议，芈月听进了心里，之后虽然还是让魏冉和芈戎身居要职，但是也破格提拔了一些年轻且战斗力强的将士，堵住了那些对芈月有意见的王公大臣的嘴，芈月这个宣太后才得到不少大臣能臣的拥护和爱戴。

批评其实并不可怕，可怕的是你拒绝别人的批评，即使知道别人的批评是对的也不接受。

刺耳的话要冷静听，奉承的话要警惕听，反对的话要分析听，批评的话要虚心听，这样你的人生之路才会越走越宽，成功才会青睐于你。

妹妹在大学毕业后刚走上三尺讲台时，很用心地去备好每一堂课，上好每一节课。可是很快她便发现，自己再如何认真地备课，作用都不大，一是因为学校给每一位英语科任老师都配有教案，二是因为她教的是一二年级的小学生，课程内容只包括简单的英语字母和英语单词，她可以完全照着教案去教就行了，没必要花那么多的时间去备课。

于是，她开始松懈下来，上课前简简单单地看一下教案就走上讲台了，课后也完全按照教案上的要求来给学生们布置作业，这样做，她确实轻松了很多，省去了很多备课和认真研究如何布置课后作业的时间。

工作轻松了，心情自然也就开阔了，生活也就变得滋润了，每逢假期都到处去旅游，就连周末这种小假日她也到处去玩。这样看来，似乎是好事。但是她有位学生家长是我的好朋友，一次跟她聊天时无意中提到了我的妹妹，她说我妹妹教英语教得很不好！我问她为什么这么说，她说她的女儿不喜欢学英语，觉得英语太枯燥了。因为我妹妹一走上讲台就在黑板上写下本堂课要学习的单词，写完之后一个个地教学生们念，念完之后就让大家在练习本上写几遍，然后课后让大家回去记一下，第二天早读来听写就算是完事了。这样的教学方法，简单无趣，根本调动不了孩子的学习积极性。

我将朋友的原话反馈给了妹妹，妹妹是这么回答我的："我是完全按照教案上写的来教的，其他同事也都这么教的，有什么不对？"

听罢妹妹的话，我很生气地教训她道："以你现在这样的口气和态度，就是不对！你在教学上，没有自己的思维，没有自己的特色，更没有用心去钻研你所教的学科，就是不对！你站在讲台上，就要将你所掌握的知识和文化传递给你的学生，让他们能学有所用，将来成为有才之人！可是你看看你现在，你把教学工作当成了什么？你把每一堂课当成了什么？当成任务是吗？照着教案念完就算是上完一节课了是不是？你这是什么教学态度啊？"

　　我的话如当头棒喝，妹妹听罢低下了头，从此以后，她的教学态度开始有了明显的改变，不再把教案当成"准则"，课前很用心地备课，尽量找一些能帮助学生记忆单词的方法进行教学，务求把每一堂课都上得生动、有趣。她的努力和用心不仅得到了本校领导的认可，也得到了市级领导的认可，连续几年都获得了市级优秀教师荣誉称号。

　　忠言逆耳利于行。虽然批评的话语听起来有些刺耳，有些难受，但是逆耳的忠言才有利于人们查找到自己的过失，改正自己的错误，规范自己的行为。

　　所以，如果有人批评你，请不要生气，不要怨恨，认真地聆听，仔细地分析，若批评得对，那么就虚心地接受和努力地改正，这样才能不断地完善自己和提高自己。

　　／刺耳的话要冷静听，奉承的话要警惕听，反对的话分要分析听，批评的话要虚心听，这样你的人生之路才会越走越宽，成功才会青睐于你。／

6. 赦免重罪，极力营救

很多时候，人之所以会痛苦，就是因为追求的太多了；之所以不快乐，就是因为计较的太多了。太计较得失，太计较多寡，太计较好坏，只会让自己陷入无尽的痛苦之中。

人切不可太计较。因为在计较的过程中，你总是会跟优胜于自己的人比较，然后你就会因为觉得自己不如别人好而心生郁闷，若是不及时地调整这种的心态，让其一步步地啃噬你的心灵的话，必然有一天你会被"太计较"所带来的过重负累压弯了腰。

真正的智者，真正有抱负、理想远大之人，是不会计较一时的得失的。

芈月使计把楚怀王扣在了秦国，这不仅震动了其他各国，更震动了一个人的心，那个人便是楚怀王的孙女、秦昭襄王的王妃叶阳。

秦昭襄王曾答应过叶阳，不管秦国和楚国如何斗争，他都不会伤害她的家人，但是秦昭襄王却一次又一次地骗她，她实在是不敢再相信秦昭襄王了，故把心一横，欲冒充秦昭襄王的笔迹下一道诏书以解救自己的祖父楚怀王。

那一日深夜，秦昭襄王在书房处理公务，累了便直接趴在书桌上睡着了。叶阳便趁此机会偷偷潜入书房将自己早就拟好的诏书欲盖上玉玺。可没想到惊醒了秦昭襄王，秦昭襄王看到叶阳手中的诏书，便猜到了叶阳的小心思。

假冒王上的笔迹下诏书，那可是死罪，秦昭襄王哪里忍心对自己深爱的女人痛下杀手啊，但是若是不治叶阳的罪，秦昭襄王又怕她继续这样闹下去终会坏了母后芈月早就计划好的一切。当秦昭襄王准备下令严惩叶阳时，叶阳发起疯来，跟秦昭襄王扭打在了一起，混乱之后，叶阳用刀刺伤了秦昭襄王，然后带着楚怀王逃离了秦国。

芈月对叶阳刺伤秦昭襄王并救走楚怀王之事极为愤怒，秦昭襄王以为芈月会派重兵去将叶阳追回，然后杀无赦，可是芈月见秦昭襄王并没伤到要害，休息数日便可好转，于是只派兵去将楚怀王追回，至于叶阳，她决定原谅她，放她一马，毕竟，她曾是大秦的王妃，若是把她捉回来了不严惩的话，恐怕会引起其他大臣的不满，只要她一日流落在外，便可保她周全。

之后，叶阳被魏国捉走，在函谷关一战上要挟秦昭襄王割地赔款，秦昭襄王一方面想要救回叶阳，一方面又不想将大秦的国土割让给魏国，正当他陷入两难之境地时，芈月来了，她让秦昭襄王务必要以叶阳的性命为先，即使是割地也要把叶阳给救回来。

秦昭襄王对母亲的决定感到非常的诧异，他原本以为芈月对叶阳再无任何婆媳之情了，可没想到，芈月居然不计较叶阳放走楚怀王，不计较她曾刺了自己一刀。

芈月觉得叶阳的命很苦，自从秦楚两国交战以来，她就一直被夹在中间，里外不是人，如今，她因身为大秦的王妃而被魏国捉走，不管她之前做了什么对不起大秦的事，芈月都不再与她计较了，只想她好好地活着，不再成为战争的牺牲品。

尽管最后芈月和秦昭襄王还是没能救下叶阳，叶阳还是死在了函谷关之战上，但是芈月对叶阳的宽容，芈月不予计较的行为作风，被记载在了史册里，流芳百世。

古人云："让一让，三尺巷。"人与人之间，真的没必要过多地纠缠在一些大事小事上。虽然宽容和忍让或许会带来些许的痛苦，但是它们却能换来更多甜蜜而美好的结果。

多宽容、少计较是一种人生智慧，是建立人与人之间良好关系的法宝。

雯雯大学毕业之后就去了柬埔寨打工。她初到柬埔寨的时候，在一家服装厂做统计员，薪金十分微薄，生活过得非常拮据。初来乍到，没经验又人生地不熟，加上她本人又是那种不爱计较的人，每天就都只是默默地埋头工作。

一年过去了，她还是一个小小的统计员，薪金也还是那么少，于是，就有姐妹替她抱不平了，认为老板太抠门，让她去跟老板争取加薪或者升职。可是雯雯却说，别太计较了，服装厂最近遇到点困难，厂里的资金恐怕有些周转不灵，就不给老板添麻烦了。于是，她又继续在原来的岗位上工作了一年。

这一年，工厂确实很困难，老板根本拿不出资金来发工资，工人们不是罢工就是跳槽，只有雯雯和少数工人继续默默地工作，坚持与工厂共同进退。

到了第三年，工厂终于渡过了那个难关，但是老板的资金依然周转不灵，发不出工资。老板找雯雯和几个坚守岗位的工人去谈话，希望他们给予支持和理解，等工厂恢复原来的景气之后再补发拖欠的工资。雯雯第一个表示支持，老板这才终于注意到了雯雯。

到了第四年，工厂的订单大批量增加，工厂的收入大幅度增加，于是老板给雯雯加了薪金，还让她做了管理员。

不知不觉，她在那家服装厂工作了七八年。出来了那么久，也是时候回国探亲人了。于是，她向老板辞职，老板并没有挽留她，而是给了她一个牛皮信封，让她回到国内之后再打开。

当雯雯顺利回到国内之后打开了那个信封，里面不仅有一笔老板给她的格外奖金，还有一份合约。原来，她的老板在中国广州投资建了个服装厂，他欲高薪聘请雯雯去帮他打理这个服装厂。雯雯对此感激不尽，在回乡陪伴了父母一段时间之后便到广州走马上任了。

雯雯的老板将广州的服装厂生意完全交由雯雯处理，雯雯很能干，完全没辜负老板对她的信任，把这家服装厂办得红红火火的，盈利一年比一年多，老板高兴极了，将三分之一的股份赠予了她。

前不久，雯雯去柬埔寨向老板汇报工作时，好奇地问老板，为什么当年选中她来帮他管理广州的服装厂。她的老板说，厂里的工人刚来的时候个个都是任劳任怨，但是工作久了便提出各种要求，不是要求加薪金就是要求升职，如果他不满足他们的话，他们便会跳槽，但是雯雯却从未跟他提过半点要求。而且当年，工厂真是处于水深火热之中，连续两年都发不出工资，雯雯不但不计较，反而还带头继续支持工厂的发展，他觉得像雯雯这样不计较不求回报的人，才能肩负重任，才会有责任心帮他把服装厂打理好。

事实证明，雯雯老板的选择没有错，而雯雯那颗宽容的心，那种不予计较的生活态度，也为她带来了不一样的人生。

确实，多一些宽容，少一些计较，人生才会更快乐一些，世界才会更开阔一些，成功的机会也才会更多一些。

／真正的智者，真正有抱负、理想远大的人，是不会计较一时的得失的。太计较得失，太计较多寡，太计较好坏，只会让自己陷入无尽的痛苦之中。／

7.墓前跪拜，摔伤腿骨

　　情绪对人生的影响是十分巨大的。情绪会影响一个人的心态，甚至可以决定一个人的人生。

　　如果我们把情绪比喻成螺旋的话，那么乐观的情绪就是正向的螺旋，引领着人们积极向前，相反的，悲观的情绪就是负向的螺旋，会使人越走越不顺，越来越麻烦。所以，我们一定要做情绪的主人，不能做情绪的奴隶，要时时刻刻都保持积极的情绪。

　　芈月是一个很会控制自己情绪的人，不管遭遇多大的困境，她都会以积极的心态和情绪去面对，去解决。

　　秦国合纵攻克了齐国之后，芈月算是了却了一件大心事，故徒步前往秦王陵园祭奠秦惠文王。

　　因山路陡峭，年事已高的芈月上山之时已然消耗了大量的体力，下山时便显得分外的吃力。秦昭襄王注意到了芈月一副老态龙钟的样子，也看到她微驼着背艰难地一步步前行，身为儿子的他确实是很想上前去搀扶她，但是他又害怕母后会责怪，芈月一直以来都是那么的强势，那么的有气魄，她怎么肯认老让人扶呢？正在秦昭襄王在心里做着是扶还是不扶的心理斗争之时，芈月发出了"啊"的一声惨叫，她一时站不稳，踩了个空，摔倒在山路上。

　　秦昭襄王和几个侍从急忙上前欲将芈月搀扶起来，此时的芈月痛得汗水直流，脸色也变得惨白惨白的，但是她依然万分清醒，见秦昭襄王和侍从伸手过来，她急忙喝止道："不要碰我！更不要动我的腿，不然再生事端的话，我这副老骨头便要散架了！"

"那可如何是好？"芈月动不得了，侍从们又不能碰她将她搀扶下山，秦昭襄王着急得像热锅上的蚂蚁。

芈月的心里其实比秦昭襄王更着急，这摔伤的腿，还不知道情况怎么样呢，万一有个什么三长两短的，她这辈子恐怕就站不起来了！想到这里，芈月直冒冷汗。可是，这个时候，紧张和着急又有什么用呢？不如平静一下自己的情绪，别再让消极的情绪影响自己的思考力和判断力，要尽快想到办法把自己弄下山找医官诊断才是。

想到这，芈月对秦昭襄王说道："不要着急，办法总会有的，容我们大家想想便是。"

说完，芈月四处望了望，突然，一个想法闪现在了脑子里，她即刻指挥道："快，你们几个去那边砍些树枝来，你们两个下山去把马车上的坐垫拿上来，做一个软担架，把我轻轻地弄上担架抬下山去！"

待回到宫里，医官诊断，芈月的腿骨断了，恐再难恢复到原来的样子，以后恐怕只能拄着拐杖行走了。秦昭襄王闻言，伤心不已，眼泪不由自主地滑落了下来。芈月见状，呵斥秦昭襄王道："不就是落了个腿疾吗？拄着拐杖走路总好过站不起来吧？命保住了，也还能走，便是万幸！"

芈月就是这样，永远都不会让消极的情绪影响自己，总是用积极的心态和乐观的情绪去面对各种困难和苦痛。

人生就该如此，不要做情绪的奴隶，一定要做情绪的主人！

一个内心总是充满着悲伤之人，他的情绪必然处于暗无天日的状态，那么他看到的世界必然都是黑色的、丑陋的、痛苦的，在这种悲观情绪的影响之下，他每一天必然都会过得很痛苦，他的人生自然就会变得处处不顺了。

一个内心总是充满着愉快之人，他的情绪必然是处于温和美好的状态，他看到的世界必然都是温暖的、美好的、快乐的，在这种乐观情绪的影响之下，他每一天都会过得很轻松很快乐也很自在，他的人生自然也就变得顺畅起来。

湖南卫视《快乐大本营》节目的主持人谢娜，是一个超级爱笑、永远快乐的女人。她机智、幽默、无厘头的主持风格赢得了全国观众的阵阵掌声。

不过，别看她现在在观众面前意气风发，星光闪耀，她的成名之路，也是一段辛酸史。

谢娜大学毕业那一年参加了一个推新人的比赛，得到了评委的一致好评而获得了冠军，一个电视剧制作人在这场比赛中相中了她，觉得她是个可塑之才，于是邀请她在自己投资的电视剧里饰演一个小角色。就这样，谢娜去了北京，正式加入了"北漂演员"的行列。不过这之后的很长一段时间，她都只能在电视剧中客串演演丫鬟什么的，以至于获得了个"丫鬟专业户"的称号。

这让谢娜很不甘心，不管戏份有多么少，收入有多么少，生活又是多么拮据，她都告诫自己，一定不能让悲观的情绪影响到自己，一定要快乐地坚持下去，继续积极努力下去。

一次偶然的机会让谢娜得以加入《快乐大本营》栏目组，成为该栏目的主持人。尽管她很卖力地主持，很卖力地搞笑，但是观众朋友们并不买她的账，觉得她的主持风格太另类，实在是接受不来。甚至有观众说，如果她再继续主持《快乐大本营》，就不再看这个节目了。谢娜真没想到自己辛勤的付出却换来了观众的差评。一时半会儿她真的不知该如何是好。是放弃主持这个节目呢，还是继续站在舞台上让观众品评？谢娜陷入了艰难的抉择之中。

谢娜一直以来对自己情绪的变化都有着很好的控制力。不管遭遇到多大的困难和失败，她都不会让悲观的情绪弥漫在自己心间以影响自己的心情，影响自己的判断和选择，她永远都会让自己保持着一份快乐的心情。

谢娜在听了几个朋友的意见，认真地分析了自己的现状之后，她最终做出了她这一生最为正确的一个决定，继续坚持主持《快乐大本营》，并且坚持用自己的主持风格主持下去。

历经风雨之后，如今的谢娜已然坐稳了《快乐大本营》主持人的位置，也在多部大投资大制作的电影、电视剧中担当了女一号，主持了各类大型文艺晚会，出版了多本著作，事业红红火火。

积极的情绪能带给人积极的人生态度，能让人积极地面对生活中的一切苦与难。

我们一定要像芈月和谢娜那样，努力做情绪的主人，让乐观的情绪如影随形，让悲观的情绪离我们远去。

情绪对人生的影响是十分巨大的。情绪会影响一个人的心态，可以决定一个人的人生。有什么样的情绪，就会有什么样的人生。

8. 一命呜呼，功过身后

人世间有一种境界非常难以把握，那就是分寸。

没有分寸的世界，是混乱的世界；没有原则的自我，是懦弱的自我；没有底线的人生，将会是徒劳的一生。

分寸是一种语言，也是一种礼仪。行事为人如果没有分寸，凡事都没有原则、没有底线地向前冲的话，必然会让自己深陷囹圄。

万事须讲分寸，率性而为不可取，急于求成事不成。在我们的生活中，处处都有度，事事也都会有度。所以我们做任何事都要坚持适度原则，把握一定的分寸，适可而止，那样才能取得事业的成功。

一朝天子一朝臣，垂垂老矣的芈月，利用自己太后的气势、姐姐的威严，使那场亲情和权力较量得以平稳地度过，秦昭襄王拿到了主政大权，将魏冉等功高盖主的老臣子进行大换血，组建了一支忠于自己的朝臣队伍，使大秦绽放出了新的光彩，为秦国统一六国打下了坚实的基础。秦昭襄王对一路扶持着自己走过风风雨雨和刀光剑影的母后芈月，除了感激之外更多的是敬重和佩服。

芈月放权之后，宫房之内便变得冷冷清清、凄凄凉凉了，每日她都是闲得发慌地坐在屋子里饮茶发呆，回忆着自己前半生激情飞扬的戎马生活。

这日，秦昭襄王来看芈月，见她精神状态有些不太好，便知道她已时日无多了。

于是，秦昭襄王问芈月："母后，这一晃，几十年便过去了，孩儿由一个小屁孩成为了一国之主，这全赖母后的大力扶持。若没有母后这几十年来的辅佐，恐怕我大秦难以有这般繁荣的景象。"

芈月虽说已然老眼昏花，但神志还是很清醒的。听罢秦昭襄王的话，芈月便问他："王上可曾有恨过我？觉得我专横霸道，完全掌控了军政大权，不给你一点自主裁量权啊？"

"说实话，我曾担忧母后会将大秦的江山交给芈氏子孙，怎么说，这大秦的强国之路，都是母后一手铺就的。"如今，大秦的大权已然回到他的手上，他这才敢与芈月交心说心里话。

"呵呵！"芈月轻笑了一声道，"这大秦的江山它不姓芈，这一点，我还是很清楚明白的。但是我劳心劳力一生，不就是为了大秦能够有今天的繁荣吗？如果说，我对这大秦的江山没有一点的眷恋，那绝对是违心的。凡事，都要有个度啊！人，要知分寸掌分寸啊！如若我把大秦的江山交给了芈氏家族，那便对不起先王一直以来对我的信任，我死后，有何颜面见先王啊？"

秦昭襄王点点头，握住芈月的手，轻声道："孩儿明白母后的良苦用心，孩子也明白母后这些年所做的一切，都是为了孩儿好，为了大秦的江山好，孩儿不该有那样愚蠢的想法，孩儿知错了。"

芈月也点点头，柔声道："王上继位之初，外有列国虎视眈眈，内有王公贵族争权夺利，母后不得不站出来为你肃清障碍啊。为此，母后我不知造了多少孽，杀戮了多少生命，不过成就大事者，必然要有所牺牲，母后对此从未后悔过。虽然如今的大秦已然崛起，但是统一之路还有段时日，战争便不可避免，有战争便会有死亡，如若哪一天，不管是你还是你的子孙后辈完成了统一大业，便不要再杀戮了，要善待天下苍生，让老百姓过上安居乐业的生活。杀戮也要有度，也要有分寸，凡事，适可而止，切不可过于残暴，不然，大秦的基业，将会毁于一旦啊！"

凡事要有所分寸，凡事要适可而止。这是芈月留给世人的最后一个生存启示。

分寸，是一门人生艺术。掌握了分寸，便掌握了一门生存的艺术。精通了这门艺术，便能很好地掌握自己的命运，使自己长久地立于不败之地。

小S徐熙娣，18岁的时候跟台湾金牌主持人吴宗宪一起主持《我猜》，演出了"人中皇后"的铁效果；20岁的时候在《娱乐百分百》里戴着钢牙套主持，完全没有一点不适感和不安感，于是让观众记住了这个不算太美的"钢牙妹"；26岁的时候，与蔡康永主持《康熙来了》，问题犀利，动作粗狂，使得该节目多年来一直稳坐收视冠军之位……

小S确实红了很多很多年，代言的品牌多得不胜枚举，拥有无数喜欢她的超级粉丝。不过年纪稍长一些的观众或许有很多都不喜欢她的主持风格，觉得她说话过于直白，动作过于浮夸。但是很多年轻人又十分喜欢她主持的节目，觉得她个性鲜明，语言风趣幽默。

小S的主持风格确实很前卫、很激进，她在节目中问来宾的问题也是非常的果敢大胆，这让很多来宾都当场汗颜，但是观众朋友们却很喜欢，完全被她驾驭节目的那种强大气场给震撼住了。或许大家会以为小S主持节目时天不怕地不怕的，什么都敢说，谁都敢得罪，谁都不会留半分面子，其实不然。

在竞争激烈的社会大环境下，看似说话嚣张且又肆无忌惮的小S，其实是个知分寸懂适可而止的人。具有二十多年主持经验的曹可凡是这样评价小S的："别看她什么都敢说什么都敢做，其实她比任何人都要有分寸，胆子也很小，如果别人事先交待哪个不能说，她是绝对不会说的。"

记得有一期《康熙来了》来了一个神秘女嘉宾，该嘉宾本身并未有多出名，但是她的未婚夫却是一位非常有名的歌手。

对那些大家很想知道的、小S自己也很想知道的，这位女嘉宾的一些私密事，她试探着问一些比较浅显的，遇上她不愿回答的，她便很大方地帮其过滤掉。所以有观众看了这期节目之后在论坛上留言问她怎么了，完全不像她麻辣犀利的主持风格啊，小S回应说，录这期节目之前，嘉宾有交代，有关二人的私人感情问题最好不要问。女嘉宾的未婚夫是一个超级不喜欢公开自己私人感情的人，所以得知未婚妻被邀请上综艺节目时，本就不太乐意，小S自然知道分寸，所以，在访谈的过程中她会很好地掌握尺寸，知道要适可而止，有些问题不问，观众会觉得没看点，但是有些问题问得过于直白或是深入了，嘉宾又会觉得很不自在很不高兴。

正是因为小S是个聪明人，知分寸懂分寸，说话做事懂得适可而止，这才在主持界十多年屹立不倒。

把握分寸、适可而止是一种淡然的态度，是一种智者的行为。

不管是做人，还是做事，我们都要把握好分寸，要心无边而行有度，掌控好一定的尺度，如此才能进有招退有术，才能让自己赢得漂亮，活得精彩。

/ 万事须讲分寸，率性而为不可取，急于求成事不成。我们做任何事都要坚持适度原则，把握一定的分寸，适可而止，那样方才能取得事业的成功。/